身心灵魔力
品/格/丛/书

忠诚力

三顾频烦天下计

方圆◎著

中国出版集团 现代出版社

图书在版编目(CIP)数据

忠诚力:三顾频烦天下计 / 方圆著. —北京:现代出版社,2014.2
(2021.3 重印)

(身心灵魔力书系)

ISBN 978 – 7 – 5143 – 1985 – 9

Ⅰ.①忠… Ⅱ.①方… Ⅲ.①品德教育 – 中国 – 青年读物
②品德教育 – 中国 – 少年读物 Ⅳ.①D432.62 – 49

中国版本图书馆 CIP 数据核字(2014)第 039835 号

作　　者	方　圆
责任编辑	王敬一
出版发行	现代出版社
通讯地址	北京市安定门外安华里 504 号
邮政编码	100011
电　　话	010 – 64267325 64245264(传真)
网　　址	www.1980xd.com
电子邮箱	xiandai@ cnpitc.com.cn
印　　刷	河北飞鸿印刷有限责任公司
开　　本	700mm×1000mm　1/16
印　　张	11
版　　次	2014 年 2 月第 1 版　2021 年 3 月第 3 次印刷
书　　号	ISBN 978 – 7 – 5143 – 1985 – 9
定　　价	39.80 元

P前 言
REFACE

- -

　　为什么当今时代的青少年拥有幸福的生活却依然感到不幸福、不快乐？怎样才能彻底摆脱日复一日的身心疲惫？怎样才能活得更真实、更快乐？

　　许多人一踏上社会就希望一鸣惊人，名利双收地拥有一切。这样急功近利，不注重人生的积累，是难于起飞的；相反，能不辞辛苦地为自己拓展好助跑的跑道，从而争取优势不断发挥，才能逐渐使事业有所发展。那么给生命一个助跑的过程吧，这样，我们的人生就可以飞得更高。

　　一个人的成长、成熟、成功，其实是一个不断进行积累的循序渐进的过程，人的身上要拥有无穷大的潜力，主要靠平时的积累。助跑的过程其实就是让自己的潜力得到极致发挥的一种措施，就是为了让自己跑得更快、跳得更高、跳得更远。可以说，助跑的过程是一个漫长的过程，但没有这个过程是不可能最终获得成功的！我们每天都在积累，我们每天都在助跑，因为我们的心中有一个目标！

　　越是在喧嚣和困惑的环境中无所适从，我们越觉得快乐和宁静是何等的难能可贵！其实"心安处即自由乡"，善于调节内心是一种拯救自我的能力。当人们能够对自我有清醒认识，对他人能宽容友善，对生活无限热爱的时候，一个拥有强大的心灵力量的你将会更加自信而乐观地面对现实、面向未来。

忠诚力——三顾频烦天下计

　　本丛书将唤起青少年心底的觉察和智慧,给那些浮躁的心清凉解毒,进而帮助青少年创造身心健康的生活,来解除心理问题这一越来越成为影响青少年健康和正常学习、生活、社交的主要障碍。本丛书从心理问题的普遍性着手,分别描述了性格、情绪、压力、意志、人际交往、异常行为等方面容易出现的一些心理问题,并提出了具体实用的应对策略,以帮助青少年读者驱散心灵的阴霾,科学调适身心,实现心理自助。

C目　录
ONTENTS

第一章　忠诚等于成就自己

忠诚于你的内心 ◎ 3

问心无愧就是对你自己的忠诚 ◎ 8

不仅要忠诚于自己,也要忠诚于他人 ◎ 10

别人对你的信任源于你对自己的忠诚 ◎ 12

坚持忠诚,必有回报 ◎ 14

忠诚于自己的梦想 ◎ 17

忠于自己,忠于真理 ◎ 19

第二章　不忠诚的危害

无原则的意识和品质 ◎ 23

不忠诚难以实现自我理想 ◎ 26

缺乏忠诚,把自己当成局外人 ◎ 29

忠诚度决定成绩的大小 ◎ 33

逆水行舟,不进则退 ◎ 36

竞争时代,更需要忠诚 ◎ 39

不贬低别人是忠诚的一种表现 ◎ 41

管住自己的嘴,才能更好地贯彻忠诚 ◎ 45

忠诚是对于自身荣誉的坚持 ◎ 49

第三章　不忠诚的理由都是错的

你自己才是忠诚的最大受益人 ◎ 55

淡定面对生活中的"不平事" ◎ 58

借助忠诚化解利益的冲突 ◎ 62

置于团体里考虑问题 ◎ 65

顾全大局是忠诚的表现 ◎ 68

要忠诚于自己的团体 ◎ 72

只有忠诚地合作,才能融入团队 ◎ 75

放下偏见,对人忠诚 ◎ 78

任何人都不应该影响你的忠诚度 ◎ 81

跳槽没想象的那么好,忠诚才是王道 ◎ 84

积极面对问题是忠诚的表现 ◎ 87

"裸辞"是不忠诚的表现 ◎ 89

第四章　打造自己的忠诚度

忠诚需要把自己变强大 ◎ 95

拖延是忠诚的死敌 ◎ 99

用心做好每一天是一种忠诚 ◎ 102

自动自发是对忠诚的诠释 ◎ 104

做好小事,感动你身边的人 ◎ 108

思考一小步,前进一大步 ◎ 111

拒绝借口,不为妥协和退却找理由 ◎ 114

心无旁骛是成事之基 ◎ 119

忠诚员工不找任何借口 ◎ 122

多一点准备,少一点盲目 ◎ 125

多一点担当,少一点推诿 ◎ 128

多一点务实,少一点浮躁 ◎ 131

第五章　责任体现忠诚

最大的忠诚是履行职责 ◎ 139

做一个履行职责的人 ◎ 143

责任体现忠诚,忠诚体现价值 ◎ 147

忠诚敬业,没有借口 ◎ 152

责任源于忠诚 ◎ 157

企业只欢迎忠诚的员工 ◎ 161

忠诚比能力更重要 ◎ 165

第一章 忠诚等于成就自己

　　忠诚是什么呢？很难讲什么叫忠诚，按传统的意义上说，我们的忠诚就是像书上描述的那样，很优秀的一种道德品格，那是为人处世的原则。物以稀为贵，忠诚之所以在现在看来是很珍贵的，我觉得道理很简单，那就是因为现在人们的忠诚相对不如以往了。

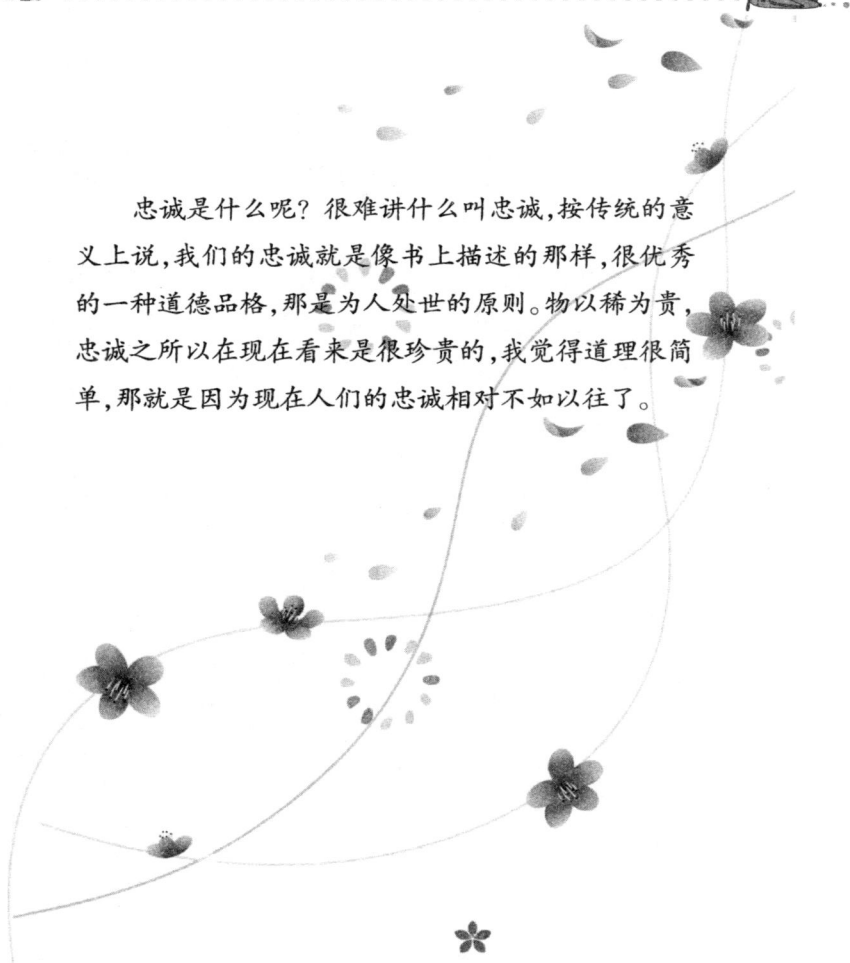

忠诚于你的内心

忠诚是青少年时期最为重要的伦理能力和品德。青少年对于忠诚能力的发展和忠诚内涵的理解，不仅需要通过老人所代表的父母、师长等长辈以及其他历史与传统的中介力量来协助完成，还需要个体在社会生活中的亲身实践来发掘与树立。

社会主义荣辱观要求人们树立的是符合社会发展的重要德行。从人的一生发展的意义来讲，这些德行不是抽象的概念，也不是一下子就能够习得的技能，而是贯穿于人生发展历程中以此为重点地得到连续关注的美德。

有这样一则童话：

从前有一位母亲，她有两个女儿。由于死了丈夫，家里又很穷，她只能一天到晚辛辛苦苦地干活，以使一家人勉强吃饱和穿暖。她是个熟练的工人，总能在家外找到工作，她的两个女儿也很能干，对她很有帮助，她不在家的时候，把家里收拾得干干净净，像一只新的发夹一样光鲜。

有一个小女儿是瘸腿的，不能在屋子里跑来跑去，她就坐在椅子上缝缝补补，她的姐姐米妮就洗盘子，擦地板，把家弄得漂漂亮亮的。

她们的家就在森林的边上，干完活后，小姑娘们就会在窗前，看着高大的树干被风吹得弯下了腰，看着看着，她们就觉得这些树像真人似的，互相点头弯腰。

春天鸟儿欢叫，夏天野花盛开，秋天树叶葱茏，冬天雪花飞舞。一年四季，在这两个幸福的孩子看来，都充满了欢乐。但有一天，亲爱的妈妈回家来的时候生病了。她们两人都很悲伤。现在是冬天，很多东西都需要买。米妮和她的妹妹蹲在火炉旁，互相商量着，最后米妮说：

"亲爱的妹妹，我必须出去找工作，因为家里的东西快要吃完了。"于是她吻别了母亲和妹妹，把自己裹得严严实实的，离开了家。森林里有一条窄窄的小路，她决定沿着这条路一直往前走，直到到达能找到她想要的工作的地方。

她急匆匆地往前走着。黑夜很快就降临了，树林里的影子拖得越来越长。走着走着，她看见了前面有一座小屋，这真是太好了。她匆匆地赶过去，敲了敲小屋的门。

没有人答应。她敲了一次又一次，还是没有人来开门，她想，这儿可能没有人住吧！她打开门，走了进去，决定就在这儿过夜。

一跨进门，她就吃惊地缩回了脚步，因为她看到了 12 张小床，每张床上的被褥都是乱糟糟的，一张布满了灰尘的桌上乱七八糟地放着 12 个盘子，房间的地上也非常脏，到处都落满了尘土，那情景你一定可以想象到的。

"天啊！"小女孩说，"这儿怎么这么脏！"等她的手一暖和过来，她就开始整理房子。

她洗了盘子，整理了床，擦了地，正了正火炉前的地毯，把 12 把小椅子沿着火炉摆成了一个半圆。她刚做完这些，门开了，进来了 12 个她从没见过的快乐的小矮人。他们只有木工尺那么高，每人都穿着黄色的衣服。米妮一见到他们，就知道他们肯定是山里掌管金子的小矮人。

"噢！"小矮人一起说，他们的所有话都是押韵的，像唱歌一样。

"难道这不令人高兴和吃惊？

我们真不敢相信自己的眼睛！"

然后他们就见到了米妮，吃惊地大叫了起来：

"这是谁，那么温柔漂亮！

原来我们的帮助者是一个陌生的小姑娘。"

米妮看到了小矮人，就过来见他们。"你们好，"她说，"我是米妮·格雷，我出来找工作，因为我亲爱的妈妈病了。我是天刚黑时进来的，我——"

小矮人都笑了起来，高兴地叫道：

"你刚来时我们的房子里样子有点惨，

但现在你已把它搞得清洁又敞亮。"

他们是多么可亲可爱的小矮人啊！谢完了米妮，他们就开始从抽屉里拿出白色的面包和甜甜的蜂蜜，让她与他们一起共进晚餐。

在餐桌边坐下后，他们告诉她，他们的仙女保姆去度假了，正是由于她不在，所以他们的房子就变得那么脏了。

他们一边说着，一边叹气。吃完晚饭，米妮开始洗盘子，并把他们一个个地支走了。他们时不时地打量着她，还在互相议论她。当最后一个盘子洗完的时候，他们叫来了米妮，对她说：

"亲爱的凡间女人，你是否愿意在这儿长住，

当我们的仙女正在休假外出？

如果你的真诚和善良如一，

我们的报答将要把你眷顾。"

米妮心里也很高兴，她很喜欢这些善良的小矮人，希望能帮助他们。所以她谢了谢他们，答应了下来，接着就上床，做起了幸福的美梦。

第二天一早，她被公鸡的打鸣声叫醒了，起床后她做了一顿可口的早餐。小矮人们离开后，她打扫了房子，并补好了小矮人的衣服。晚上小矮人回家来了，他们发现炉子里的火烧得红红的，桌上一桌热气腾腾的晚饭正等着他们。从此每天都这样，米妮一直这么认真地干着，直到仙女的假期到了最后一天。

那天早上，米妮望着窗外，想看看去工作的小矮人，她在一扇玻璃上看到了自己见过的最美丽的景象。

图画里有美丽的宫殿，银色的塔，塔尖上装了花花绿绿的玻璃，一切都是那么的新奇和漂亮，她津津有味地看着，连要干的活都忘了，直到壁炉顶上的布谷鸟自鸣钟敲了 12 下。

她便急急忙忙地跑过去整理床，洗盘子。但由于时间很匆忙，她再也无法更快地干了，当她拿着扫把准备去扫地的时候，已快到了小矮人

们回家的时间了。

"我想，"米妮大声说，"今天我就不打扫地毯下面的地了。再者，地毯下面没人看得见，有点灰尘也没关系的。"于是她匆匆地跑过去做晚饭，没有去动地毯。

不久，小矮人们回家来了。房子里看起来跟平时没什么两样，他们什么也没说。米妮也没有再想毯子下面的灰尘这回事了，直到她上了床，看到星星透过窗户，向她眨着眼。

于是她才想起了地毯下的尘土，因为她好像听到星星们在说：

"那位小姑娘，诚实而善良。"米妮把脸转向墙，她听到一个微弱的声音，就在她的心里，说：

"地毯下的尘土！地毯下的尘土！"

"那位小姑娘，"星星们叫道，"把房子整理得像星光一样敞亮。"

"地毯下的尘土！地毯下的尘土！"米妮心里的那个小小的声音在说。

"我们看到她了！我们看到她了！"所有星星都快乐地叫着。

"地毯下的尘土！地毯下的尘土！"米妮心里的那个小小的声音在说，她再也忍不住了，便拿起扫帚，开始扫地毯下的尘土，可是哦，地毯下躺着12块闪闪发光的金币，就像月亮一样圆润、闪亮。

"哦！哦！哦！"米妮惊奇地大声叫道。所有的小矮人都跑过来看看究竟发生了什么事。

米妮把一切都告诉了他们。当她讲完整个故事的时候，小矮人们高兴地聚在她的周围，齐声说道：

"亲爱的孩子，金子就给你，

因为你对于自己内心和工作的忠诚；

但如果你不翻动地毯，

你能得到的就只是遗憾。

我们的爱随着金币一起给你，

哦！今生你要牢记，

每个小小的工作里，

都藏着快乐的宝藏。"

米妮感谢了小矮人对她的好心，第二天早上，她带着金币急匆匆地赶回了家，给亲爱的妈妈和妹妹买回了许多东西。

她再也没见过小矮人了，但她永远也忘不了他们的教诲，总是认认真真地对待自己的工作，而且总是要擦地毯下的地板。

这个故事让我们认识到，只要你能够忠诚于自己的内心，始终做到表里如一，你就能够得到好的回报，无论是经济上的，还是品格上的。

魔力悄悄话

在考验中，忠诚的能力得到巩固和磨砺而更显魅力。忠诚的实现，最重要的条件是克制自己的欲望。对于意志和信念尚未坚定的青少年来讲，这种诱惑的魅力很难抵挡。只有在诱惑的考验中通过名言的激励而坚守住了信念和决心，最终重获自己所忠诚的人们的信任和赏识。

问心无愧就是对你自己的忠诚

什么是忠诚呢？青少年的忠诚需求源自早年发展阶段留下的对自己和别人都应该信任的一种需要，到了青少年时期，则"热烈地寻求可以信仰的人和观念"。忠诚表现为多种形式：内心的信仰，偶像的崇拜，对集团或他人的尊敬和信赖等。忠诚是青少年同一性的一部分。同一性的意义何在？埃里克森说："在人类生存的社会丛林中，没有同一感也就没有生存感。"故而，没有忠诚能力是青少年人生发展的一种缺陷。

1978 年，杰克的汽车需要进行比较复杂的维修，他自己没办法处理，需要找人做。但因为平时常去的修车厂已经关闭，他面临一项困难的工作：找个诚实、可靠的人来修车。当时他很担心，因为人们传言——也许这些传言并不可靠，都说修车工人最擅长敲竹杠。幸好后来他的朋友戴夫介绍他到一家修车厂：D 汽车修理公司。

杰克惊奇又愉快地发现，那家修车厂的老板，原来几年前就替他维修过汽车。当时他还是附近一间加油站的员工，杰克和他说过的话不算太多，但知道他的技术相当可靠。

杰克填好汽车维修申请表，在一旁等着，他正在接另一位顾客打来的电话。坐在那里空等有点无聊，于是他开始打量这小小的办公室，好为自己找点事做。墙上一张装裱完整的新闻报道引起他的注意，那篇报道的标题是："本地奶农捕杀整群牛"，内容讲的是一个第五代的奶农，数年前在密歇根州遭遇牛奶污染恐慌的故事。很显然，当时许多乳牛染上某种会影响牛奶品质的疾病，到后来情况实在太严重，密歇根州政府于是决定对境内所有乳牛进行测试，看看罹病比率有多高。奶农得知后，到国会大力抗议施压，国会转而命令州政府暂缓行动。

种种法律上的拖延措施，使政府至少要花上数个月的时间，才能解决牛奶遭受污染的问题。

在这段时间里，奶农可以继续贩卖牛奶，也可以继续贩售牛肉。

不过那个第五代的奶农却认为他不能这样做，因而选择了另一种解决方法。他花钱请人对他所有的牛进行检查，结果发现整群牛当中，只有一小部分受到感染。但因为没人能确定其他未受感染的牛所生产的牛奶就绝对安全，他决定捕杀所有牛，并以安全可靠、不会污染环境或水源的方式，将它们埋葬。由于州政府并未正式下令要他捕杀牛群，他所有的损失，保险公司都不给付。有人问他为什么要这样做，他只是答："因为这样做才对！"杰克问他为什么要将这张剪报挂在墙上，并猜想他一定和那位奶农有亲戚关系，要不然就是认得他。他说他从未见过那位奶农，但那个人给了他很好的启发，教导他正直、信赖、诚实的新准则；他说他就是以这样的准则来经营这家汽车修理厂。他希望人们给他的评价，就像他给那位奶农的评价一样。

杰克对他和那位奶农的印象，都因此更加深刻。第二年，杰克推荐自己的儿子到他那里去当9个月的汽车修理学徒，希望自己的儿子能向他进习到的不单是修车技巧，更重要的是向他学习正直诚实的处世标准。当然，希望有一天，别人也会给出相同的评价。

魔力悄悄话

在人生观尚未成熟的青少年发展过程中，对忠诚和合法的体验至关重要，能够促进青少年对忠诚和责任的自觉，一如心理学家所说："'忠诚的'和'合法的'无论在语言符号上和心理学方面都具有同一根源，因为如果没有体验作为忠诚的最高选择感的基础，法律上的承担义务就会是一种不安全的负担。而要发展这种感觉，乃是个人生命史的连续性和历史进程的道德力量的联合任务。"

不仅要忠诚于自己，也要忠诚于他人

任何品德的培养，都需要伦理能力地树立，而伦理能力不是空穴来风，在于发现、塑造和巩固。特别是青少年对于抽象的伦理观、人生观、价值观的认识，需要一个过程，因为他们面临新的环境和发展需求——广阔的社会生活环境代替了儿童期的家庭环境，具体的思维要逐渐转变成抽象的思维。

忠诚所要求的克制还有另一个层面，就是不要冲动行事，冷静地洞察忠诚的本质。对忠诚的理解不仅仅是一方从个人利益的角度要求他人效忠于自己，也同样要培养和约束自我具有信任他人的能力，只有如此，才能对忠诚与背叛的言行做出准确的观察。

曾经有一本外国杂志记载了这样一个故事：

故事的主人公沃尔特小时候住在豪斯顿。一天，他在一家杂货店看到一块手表，这块表的价格是一美元。由于他没有钱，而且也不可能很快就筹集到一笔钱，于是他问店主能不能先把这块表给他，以后再分期付给他钱。店主同意了。

第二天，店主偶然对他的母亲提起了这件事，母亲表示坚决反对儿子的这种做法。在她看来，自己的儿子利用了别人的信任。她把钱付给店主后，回家来找儿子。

"难道你不明白吗？"她说，"你想买一块手表是无可非议的，但是你完全不明白该怎样挣这笔钱。尽管这里面不存在撒谎和欺骗，可是在这个事情上你显得太轻率了。这是一件不明不白的事。沃尔特，你应该注意：不明不白地处理事情，结果会把事情弄得一塌糊涂。"

母亲把手表拿走了，直到他能够挣到这笔钱，他才能从她那儿把手表买来。

多年来，沃尔特一直记着母亲的教诲。作为新闻评论员，他必须始终警惕着不明不白的事情。对半真半假的报道避而远之，对听来很真实却又有声有色的故事置若罔闻。

一次，一些投机商愿意给他一大块土地，他们没有建议沃尔特在广播中谈论他们的资产，只是让他报道他已经在他们的地区拥有土地。但是沃尔特认为这是一件不明不白的事情，所以他拒绝接受投机商赠给他的土地。

魔力悄悄话

从这则故事中，我们可以看出忠诚就像其他美德一样，需要谨慎。我们所谓的忠诚，在符合自身的内心信念的同时，还要不损害他人的利益，也就是前面我们所说的，我们的忠诚不但要效忠于自己，也同样要培养和约束自我具有信任他人的能力，只有如此，才能对忠诚与背叛的言行做出准确的观察。不明不白地处理事情，会把一切都弄得一塌糊涂。

别人对你的信任源于你对自己的忠诚

美国资深的媒体从业人安迪·鲁尼曾经在他的一篇日记中这样写道：

昨天，我从宾夕法尼亚州的哈里斯堡前往本州80里外的莱韦斯堡。天色已晚，我急着赶路，不料有好几次我开的车被迫跟在缓缓行驶的大卡车后面，我紧握着方向盘，焦急不安。

车子总算驶上了空旷的高速公路上。当我即将通过一个十字路口时，红灯亮了，我急忙把车刹住。我四下看了看，路上没有一辆车，至少1里之内没有第二个人，而我却坐着，等着红灯变成绿灯。

我开始对自己为什么没有闯红灯而感到懊悔。我当时并不担心被拘留，因为那儿根本就没有警察，我的车开过去一点事也不会有。

当晚我来到了莱韦斯堡。晚上12点钟上床睡觉时，这个问题又一次在我脑子里出现。我想我之所以停住了车，不但因为这是我们大家彼此遵守的条约，而且也是我们大家彼此遵守的合约：我们大家都彼此忠诚，决不闯红灯。

我们一直彼此忠诚，坚持做正确的事，听来很让人惊奇，是不是？我们确实这样做了。忠诚是我们的首要愿望。我们不能无缘无故地不信任别人，疑虑满腹或相互猜疑，这种态度不是我们天生具有的。

彼此忠诚真可谓一桩好事，因为一个良好的社会结构取决于相互忠诚，而不相相互猜疑。我们现在拥有的良好社会秩序，都会因为我们在大部分时间里彼此不忠诚而变得混乱不堪。在意大利，向政府纳税真是件可怕的事，有许多人只是牢骚满腹而不交所得税，因为国家税务总局使用了些法律手段。但是他们多半还得忠诚于自己的内心：我们会支付我们应该支付的税款。

我们言而有信；说来就来；说交付就交付；说付款就付款。在这些事情上，我们都要相信对方所言——忠诚于他人。如果我们言而无信，就是违背了常规——不对自己忠诚。我们做事也常有不认真或不可靠的时候，这些都被视为背信弃义的行为。假如某个人或某个组织辜负了我们的忠诚，就会遭到唾弃，失去信誉。

我讨厌看什么某某银行为了自己的利益而伪造账簿的事。因为我信任银行，所以我不会每天都走进银行，让职员把我的钱拿出来，给我看看钱是不是还在银行里。买一罐咖啡或一瓶牛奶也是同样的道理，我们不会把它们买回家里后，再称称看是不是够分量。生活中没有时间去猜疑你所遇到的每一个人或与你做生意的每一家公司。

仔细观察我们周围的人和事，并且把人们对他人的信任程度与他们对自己的忠诚程度相比较，真是件趣事。从长远的意义上说，老实人，涉世不深的人，那些认为别人都像自己一样忠诚的人，比疑心重重的人的生活更加美满，更加充实。即使他们偶尔受了骗，也同样比那些谁也不信的人幸福。

我为自己在红灯路口停车而感到骄傲。为了让大家都知道从哈里斯堡到莱韦斯堡的路上我的表现多么出色，我非得一吐为快不可。

魔力悄悄话

古人说，忠诚敦厚，人之根基也。忠诚是人的一种品质、一种精神，是一个人内心世界和行为举止的主要表现。忠诚是简单的，只需要身心合一，尽心尽力，无论是对国家对社会，还是对生活对家庭，只要做到尽心尽力，表里如一，我们就能无愧于心，我们就能一步步迈向成功，享受工作和生活的幸福。

坚持忠诚，必有回报

因为忠诚，所以无私的付出，就会得到忠诚的回报，得到大家的认可和赞扬。

在生活中，对别人忠诚，别人同样对你忠诚，所以就会有真正的朋友和真正的志同道合的人，困难时见到的不是落井下石，而是援助的双手；迷茫时见到的不是幸灾乐祸，而是指明方向的明灯，这就是忠诚对忠诚的回报。

在200年前英国与西班牙交战的岁月里，直布罗陀要塞掌握在英国军队手中。这个地方地势险要，只驻守着少量的英国军人。

一天夜晚，要塞司令独自一人骑马到各个炮台进行视察，看看有无防备方面的疏漏。

走到一处，他看见一个哨兵在自己的岗位上值勤。

看到将军来到，哨兵本应举起毛瑟枪向他致礼。然而，那个哨兵却纹丝不动。

将军觉得有点反常，他大声地问："哨兵，你难道不认识我吗？为什么不敬个礼呢？"

战士答道："将军，我当然认识您。可是我腾不出手来，因为几分钟之前，敌人的子弹打断了我右手的两个指头，我举不起枪了。"

"那么，为什么不赶紧去把伤口包扎一下？"

"因为，"哨兵说，"我要忠诚于我的职责——一个值勤的士兵在有人接替之前是不能擅离岗位的。"

将军立即跳下马来。

"喂，朋友，把枪给我，让我替你值班，快去包扎伤口！"

那位士兵服从了。但他先奔回营地，请另一位哨兵跑去把将军替换下来，然后才跑向战地医院。

由于失去了有用的手指，这位士兵再也不能灵活地使用自己的武器，他被送回了英国本土。

英王乔治亲自接见了这名战士，为表彰他的忠诚尽职，破格提升他为军官。

因为忠诚，我们才能清晰地认识自己及所处的环境，才能用更强烈的上进心和进取精神，在自己的人生道路上自觉地努力与奋斗，在忠诚的平台上，工作自然会成长与进步，发挥并实现自身价值。

曾经服务于英国警界已30多年的尼格尔·柏加，最近在国际退役警务人员协会于日内瓦举行的周年大会上，荣获"世界最忠诚警察"的美誉。

尼格尔·柏加，现年54岁，未婚。有一次，他到英格兰风景如画的湖泊区度假，发现自己在时速30千米区域内以时速33千米驾驶之后，给自己开了一张"牛肉干"（违例驾驶传票）。他回忆道："由于当时见不到其他警员在场，无人抄牌，而最简单的办法莫过于把车停在路旁，走下车来，写一张传票给自己了。"

驶抵市区后，他立刻把这件事报告交通当局。主管违例驾车案件的法官起初大感意外，继而大受感动，他说："我当了多年法官，从未遇到过这样的案件。"

结果，他判罚尼格尔25英镑。

尼格尔另一件为人乐道的往事，是他的母亲在公园散步时擅自摘取花朵，作为帽饰，当他发现后就毫不留情地把母亲拘控。不过，罚款定了以后，他立刻替母亲交付那笔罚款。

他解释说："她是我母亲，我爱她，但她犯法，我有责任像拘控任何犯法的人一样拘控她……"

忠诚力——三硕频频天下计

一位心理学家说："'忠诚的'和'合法的'在语言符号上和心理学方面具有同一根源，如果没有体验作为忠诚的最高选择感的基础，法律上的承担义务就会是一种不安全的负担。而要发展这种感觉，乃是个人生命史的连续性和历史进程的道德力量的联合任务。"诚如斯言，忠诚者，必有好报。

忠诚是最大的德，所以忠诚的人善良博爱，团结和谐。

魔力悄悄话

忠诚的人都有着一颗善良的心，充满博爱精神，喜欢帮助别人，也喜欢分享，团结同事，不背后发牢骚，不说别人坏话，不制造麻烦，在坚持原则的前提下注重创建和维护和谐的工作气氛，能够巧妙化解矛盾，是团队里面的润滑剂和向心力的凝聚者。

忠诚于自己的梦想

　　齐瓦勃出生在美国乡村，只接受过很短的学校教育。15 岁那年，家中一贫如洗的他到一个山村做了马夫。可是雄心勃勃的齐瓦勃无时无刻不在寻找着发展的机遇。

　　3 年后，齐瓦勃来到钢铁大王卡内基所属的一个建筑工地打工。一踏进建筑工地，齐瓦勃就抱定了要"做同事中最优秀者"的决心。当其他人抱怨工作辛苦、薪水低而怠工的时候，齐瓦勃却默默地积累着工作经验，并自学建筑知识。

　　一天晚上，同伴们在闲聊，唯独齐瓦勃躲在角落里看书。那天正好公司经理到工地检查工作，经理看了看齐瓦勃手中的书，又翻开他的笔记本，什么也没说就走了。

　　第二天，公司经理把齐瓦勃叫到办公室，问："你学那些东西干什么？"齐瓦勃说："我想我们公司并不缺少打工者，缺少的是既有工作经验又有专业知识的技术人员或管理者，对吗？"经理点了点头。

　　不久，齐瓦勃就被升任为技师。打工者中，有些人讽刺挖苦齐瓦勃，可是他却回答说："我不光是为老板打工，更不单纯为了赚钱，我是在为自己的梦想打工，为自己的远大前途打工。我只能在业绩中提升自己。我要使自己工作所产生的价值，远远超过所得的薪水，只有这样我才能得到重用，才能获得机遇！"

　　抱着这样的信念，齐瓦勃一步步升到了总工程师的职位上。25 岁那年，齐瓦勃又做了这家建筑公司的总经理。后来，齐瓦勃建立了大型的伯利恒钢铁公司，并创下非凡的业绩，真正完成了他从一个打工者到创业者的飞跃。

齐瓦勃的经历告诉我们，只要你始终坚持为自己的梦想打工、为自己的远大前途打工，就能实现从打工者到创业者的惊人飞跃。

一个成功学家说过这样的话："一个人若没有了自己可以为之奋斗的梦想，也就没有了属于自己的明天；没有了属于自己明天的人，他一生都将成为别人的陪衬或附庸。心灵需要梦想的滋润，就像花朵需要阳光的抚慰才能孕育果实一样；有了梦想的心灵才会有所期待，有所渴望，才会有为了美好的明天去创造去拼搏的激情和力量。"

勤奋也好，激情也罢，其实都源自内心的态度，而这态度则来自信念。如果唐骏没有"为自己人生打工"的信念，就不会成为"最勤奋的微软人"。如果没有这种信念，盛大不会在唐骏加盟4年内由名不见经传的小游戏公司发展成一家国际化、规范化的上市公司。

正是抱着这样的信念和态度，唐骏将自己所服务的公司当成是自己的事业用心经营，不仅提升了公司的业绩，还成就了自己。

有人说，"我为老板打工"。其实，这句话不完全正确，应该是为自己打工。有人会从一个一线加油工成长为一位高层管理者，而有人也许永远停在原地。变与不变，都源自自己内心的信念和态度。

其实，生活就是一面镜子，容不得半点虚假，你今天给予的正是明天收获的。因此，要想实现自己的理想，唯有为自己的梦想打工！

魔力悄悄话

不管你过去取得过多么辉煌骄人的成就，一旦沉醉在其中，总有一天，会为自己的这个草率的决定而付出沉重的代价。因此，不管现在身处什么地位和环境，也不管现在正在从事什么工作，都不要忘了还必须抽时间给自己的梦想打工。

忠于自己，忠于真理

一个人在现实生活中，或许会感到日常生活的单调乏味，但是如果你坚持对自己的内心做到忠诚，你就会发现生活的美好和价值，这也是你在这个世界上存在的价值。

全国十佳职业道德标兵，山西省长治市人民医院妇产科主任赵雪芳，30 年来，在她的时间表上没有上下班之分，更没有节假日、星期天。她虽然身患癌症，进行过两次大手术，但仍然一直坚持在工作岗位上，没有中断对患者的精心治疗。

在第一次做手术的前一天，赵雪芳忍着剧痛，为两名先后三次登门求她的患者做了手术。距自己手术只有两个小时了，她还到病房一一看望了病人，并为手术后的病人包扎好腹带，吩咐注意事项。在自己手术后输液时，她听说有一位孕妇在手术台上大出血，便马上拔掉自己手上的针头，走进手术室指导抢救。

由于手术后没有好好休息，加上超负荷工作，她病情加重，不得不做第二次手术，手术后她为了及时帮助年轻医生解决工作中的困难，执意要住在妇产科病房，在病床躺着为值班大夫提出诊疗意见。她说："病人的痛苦就是我的痛苦，病人的生命就是我事业的生命。"

赵雪芳通过闪光的言行，生动形象地为"忠于职守，热爱本职"做了注释。

如果说对于你自己的忠诚可以体现你的人生价值，那么对于他人的忠诚，常常会使你得到意想不到的回报。

忠诚力——三顾频烦天下计

皮军 2000 年 6 月高二结束后便到一家电子仪器生产厂实习。这家企业在深圳是具有一定影响力的。2001 年春节，小皮因为路途遥远，家里经济条件不好，心疼路费变没有回家过年。厂里便安排他值班。小皮每天很早就起来床，检查，清洁，他都做得一丝不苟。他特别爱清洗厂门，因为他觉得那是工厂的脸面。看到他特勤快，守厂的老工人也把自己的工作移交了一些给他。小皮没有怨言地接受了。到放假结束的时候，工厂突然发给了小皮一些额外的奖励，还批评了老工人。实习结束的时候，小皮顺利地进入了这家企业，而他的那些回家过年的同学却只有自寻出路了。

魔力悄悄话

忠诚是一生的事，一世的事，体现在每人、每时、每刻、每一件具体的事上，所以所有的人必须时时处处以忠诚为标准，警示自己的一言一行、一举一动，切勿马失前蹄，造成整个人生战役的失败；也切勿一生敬业，却晚节不保，夕阳凄凉，以此告终。

第二章 不忠诚的危害

　　忠诚是光荣的，是做人的道德根本。忠诚是金，以真实的自我面对生活，是对自己、对别人、对社会负责！在实际生活中，我们要学"八荣"，弃"八耻"，做一个忠诚的人。忠诚是一个准则，是每个人都应该遵守的，做人就应该实事求是。只要你以诚待人，做个忠诚的，就能得到所有人的原谅和爱护。

无原则的意识和品质

　　大学毕业之后，李海和王强同时进入了一家服装公司，主要负责面料的采购。后来，他们两人合租住在一块儿，逢年过节也都相互照应着，两人便熟络起来。他们两人经常一起上下班、一起外出旅游，就连加薪晋升都步调一致，这种默契度着实让周围的同事羡慕。

　　李海是面料识别的专家，而王强是谈判高手，所以他们俩在工作上的合作绝对是珠联璧合、天衣无缝。前不久，他们一起出差去见两家不同的面料供应商，不但顺利地拿下第一家供货商，还讨得一个低于行业均价的合约。

　　接下去要见的第二家供应商是公司准备开发特色产品而寻找的新客户，老板千叮咛万嘱咐要把好质量关。不过有李海这位专家的帮助，再加上自己这几年积累的识货经验，王强也敢于放手一搏。

　　在看过样品后，王强觉得这家公司所出的面料质地一般，并不能满足公司开发特色产品的定位，可是李海却觉得这家公司的面料性价比最高。最终王强听取了李海的建议，签下了合约。

　　可是，第二家供应商的面料果真出现了问题，新出的产品在经过一段时间后缩水、变形、掉色非常厉害，销售商纷纷退货，让公司损失不小。王强打算将责任承担起来，可是让他没想到的是，在老板还没说追究责任时，李海就已经忙不迭地撇清责任，说："在签订第二家公司时，我只是提供参考意见，这次事故和我无关。"

　　王强没有解释。不久后，李海由于业绩出众从采购主管被提升为采购经理，王强则因为个人失误导致公司利益受损，将扣除年终奖金并丢失升职机会。

职场中的朋友看似亲密无间，可是这种友谊在利益面前却显得格外脆弱。当我们和所谓的朋友共同执行一项任务时，更应该责任到人，亲兄弟明算账。不要因为两人的朋友关系，就忽略了一些细节。

职场中，不管做任何事情都要有原则！

小雨性格温和，在办公室里和每个人都相安无事。小雨在公司工作已经有半年的时间了，可是，她从来都不会过分坚持自己的意见，也不会轻易反驳他人意见。在同事眼里，小雨就是个老好人，可是因为太好说话，她的话从来引不起他人足够的重视。

有时，明明自己的活还没干完却得帮同事复印材料，自己再来加班做自己的活；周末值班，别的同事总会有这样那样的事情忙得抽不开身，唯有小雨总是那个替别人值班的人。半年下来，小雨只休过3个双休。

小雨不想得罪同事，能帮就帮一下。可是时间一长，同事倒觉得这是小雨应该做的。上周小雨有事值不了班，没想到本该值班的孙姐却对她意见很大，说："你只帮别人不帮我。"小雨感到很委屈。

做办公室里的老好人，并不一定会受到大家的喜欢；实际上，在充满竞争的职场，只有在工作能力得到大家认同时，才能成为真正的强者。要不时地提醒自己，什么是你真正想要的？当你知道什么是正确的选择却因为"不想得罪人"而做不到时，妥协将最先伤害到自己。

实际上，懂得拒绝的人往往有很好的沟通能力和协调能力，使那些被拒绝的人并不会因此成为他们的敌人。当你总是处于被支配的状态时，不妨花点时间和那些总是支配你的人沟通和协调，排列工作的轻重缓急，这样才能优化你的行为模式。

职业人在工作中会碰到很多的问题和事情，在处理时要遵守一定的职业规则，才能处理好，不按规则或不懂规则，做事就会出现问题。常见的职业规则有：

（1）迟到要道歉。迟到了不要做辩解，要直率地道歉："我迟到了，真对不起。"被问原因的时候，要将具体的原因说清楚。

（2）对上司问好不必谄媚，可是一定要给上司来个精神饱满的"早上好"。

（3）主动请假。想请假，就要在前一天得到上司的应允。突然有事，要在上班之前用电话进行联系。

（4）注意着装。工作时间，要穿便于工作、与工作环境协调的整洁服装，千万不要穿另类的服装。

（5）外出申明去处。外出时，要把去处和回公司时间写出来，也许你不在时会出现什么急事。

（6）不要在人背后张望。在人背后张望，是最大的不礼貌。

（7）认真地处理一切事务。对工作不要挑挑拣拣，自己分到的工作，无论难易都要热情对待，麻利地加以处置。

（8）不要擅用他人物品。不能遵守这一条的人是不合格的职场人。

（9）私事莫劳。办公室不能做私事。

（10）按分工做事。不要插手他人分管的工作，帮别人干是可以的，但不能揽取。

（11）禁止谈论个人。把别人家庭中发生的事当作议论话题是个坏习惯。

魔力悄悄话

　　消极执行的心态是对自己不负责任的心态，虽然能够暂时维护表面的和谐，实质上却是一种无原则的表现。职场中，不管面对什么问题，都要积极应对。只有这样，才能帮助自己的公司，帮助自己的员工，最后真正地帮助自己。

不忠诚难以实现自我理想

随着宫廷大戏《甄嬛传》的热播，很多职场人将其作为"后宫职场宝典"，了解职场生存法则。

飞扬跋扈的华妃失势之后，曹贵人便转而投向得宠的甄嬛。她不仅在皇后面前揭发了华妃的种种罪行，还落井下石地提议处死华妃。虽然在揭发华妃的事情上有功，可是皇上却对她非常厌恶，认为她是个不念旧情的小人。

摇摆不定的"墙头草"，从没有自己的观点，永远只是附和别人的意见。更重要的是一遇到公司纷争，哪边势力大就倒向哪一边，并煽风点火，一旦这方失势，又马上倒向另一方。"墙头草"作风只能落得两头不讨好的结局，一旦出现什么状况无论哪方都不会为你伸出援手。

赵大国所在的这家公司是一家国企，是被一个朋友招进来做工程师的。当时赵大国的朋友还没有当经理，是另外一个人在代管他们，但赵大国也知道朋友当时在和他竞争那个经理的岗位。

刚进单位的时候，赵大国从来都没有想过要站队，只是觉得要好好工作，争取升职。后来，朋友代替了之前那个领导的职位，可是到底由谁来担任经理却一直没正式宣布。

在朋友升上去之后，之前的领导找赵大国去吃饭。赵大国承认，自己的想法也比较自私，因为毕竟这两个人都不确定，赵大国也想两边都讨好。其实，赵大国从来都没有想过"站队"的想法，有的同事说他"你太傻了，为什么要帮前领导。"

任职报告很快就下来了，朋友当上了经理。平时工作上虽然没有给赵大国"穿小鞋",但赵大国的工作基本上算是停滞不前了。而且跟赵大国一批次的同事都升级了,赵大国却相当于被降级,发配到基层去了。赵大国挺郁闷的!

这件事给赵大国的教训太大了,现在他才意识到,职场"水很深"!以后不管做什么事,和什么人接触,他都会先把前因后果想明白。

事实证明,职场"墙头草"的生命力是最薄弱的,无论老板还是同事,都不需要这种没有实力见风使舵的搭档。

在实际工作中,不管是哪个人都会遇到一些别人提出来的、自己想推掉却又难以启齿的要求,于是,很多"应声虫"只用"好,没问题"来应付。

不管这是碍于情面勉强答应,还是因为害怕批评而唯唯诺诺,难以开口"拒绝"的原因,或多或少存在着一种迎合他人的心理。可是,在很多时候,事情往往没有因"迎合"而结束,无尽烦恼也伴随无条件的妥协与服从产生。他们不仅没有获得想象中的好人缘,还可能由于力有不逮而给他人或上司留下坏印象。

在一次会议上,老板把公司遇到的问题说出来,想听听大家的意见。大家发表了一些见解,老板并不满意。这时,老板说出了自己的办法。可是,还没等老板说完,主管赵熙就迅速站起来附和道:"这个办法是最好的。"

老板很不高兴,说:"我还没有说完呢,你就急着发言?这个办法我已多次证明是行不通的。"赵熙立马面红耳赤。

对自己解决不了的问题,老板会希望集合员工的智慧去解决。如果员工没一点自己的见解,而总是"随声附和",那么老板就真的成为"孤家寡人"了。所以,有时候说出自己的意见,未必是一件坏事。而随声附和,让老板做出错误的决定,才是让他最痛恨的!

老板在事务与工作上肩负着领导的责任,可能他们在学识与经验上比较突出，可是在必要的场合，千万不要害怕与他们有不同的观点，因为他们也需要听到不同的声音，也需要以更新颖、更周全的观点来完善自己的决策。所以，如果你能谦恭、忠实地说出自己的见解，反而比一味奉承附和更容易得到领导的器重和信任。

魔力悄悄话

　　面对领导的意见，有些人喜欢顺水推舟送人情。可是，这是忠诚员工最忌讳的！工作中，领导欣赏的是忠诚正直的员工，因为这样的员工才可以放心地委以重任。那些在靠巧言令色来混迹职场的人迟早会被踢出去；甘做"墙头草"的人是很难实现自我理想的。

缺乏忠诚，把自己当成局外人

职场中，提倡的是主人翁精神，具有这种精神的人，他的个人利益和公司利益是一致的，公司的事就是自己的事。只要你是公司里的一员，你就应时刻把企业的利益放在心头。

公司就是你的家，要把自己当作公司的主人，而不是老板的仆人。只有这样，你才能用心把公司的事当作自己的事，才能不断地提升自己的价值，成为一名卓越的员工。

虽然乔治到这家钢铁公司工作还不到一个月，可是却发现了一些问题，比如，很多炼铁的矿石并没有得到完全充分的冶炼，一些矿石中还残留着没有被冶炼的铁。如果这样下去的话，公司岂不是会有很大的损失？

乔治找到负责这项工作的工人，跟他说明了问题。可是，这位工人却说："如果技术有问题，工程师一定会跟我说。现在，还没有哪一位工程师向我说明这个问题，说明现在没有问题。"

接着，乔治又找到了负责技术的工程师，对工程师说明了他看到的问题。工程师很自信地说："我们的技术是世界上一流的，怎么可能会有这样的问题？"工程师并没有把他说的看成是一个很大的问题，还暗自认为，一个刚刚毕业的大学生，能明白多少，不过是因为想博得别人的好感而表现自己。

乔治认为这是个很大的问题，于是就拿着没有冶炼好的矿石找到了公司负责技术的总工程师。他说："先生，我认为这是一块没有冶炼好的矿石，您认为呢？"

总工程师看了一眼，说："没错，年轻人你说得对。哪来的矿石？"

乔治说："是我们公司的。"

总工程师很诧异："怎么会，我们公司的技术是一流的，怎么可能会有这样的问题？"

乔治坚持道："工程师也这么说，但事实确实如此。"

总工程师有些发火了："看来是出问题了。怎么没有人向我反映？"

很快，总工程师就召集负责技术的工程师来到了车间。经过仔细查看，果然发现了一些冶炼并不充分的矿石。原来，是监测仪器的某个零件出现了问题，才导致了冶炼的不充分。

公司的总经理知道了这件事之后，不但奖励了乔治，还晋升乔治为负责技术监督的工程师。总经理不无感慨地说："我们公司并不缺少工程师，但缺少的是有主人翁意识的工程师。这么多工程师就没有一个人发现问题，并且有人提出了问题，他们还不以为然。对于一个企业来讲，人才是重要的，但是更重要的是真正有责任感和忠诚于公司的人才。"

一个具有主人翁精神、真正负责任的员工，面临挑战和困难时，会迸发出比以往强大若干倍的能力和勇气。因为他知道，自己的胆怯和逃避很可能会让企业承受重大的损失；自己是公司的一分子，有责任、有义务去捍卫公司的利益。只有勇敢地面对，才能真正担当起责任，不让企业遭受损失。

主人翁意识让员工意识到肩负的使命，并为达成使命全力以赴。正是在众多充满主人翁意识的员工的积极努力下，才得以让公司走出窘境，最终得以稳步发展。一个人如果不时刻铭记着："公司的利益要摆在首位"，那么，即使他有着再厉害的才能，也不会是一名优秀员工。

事实证明，把自己的利益放在首位，是目光短浅，难成大器的。只有具有了为自己工作、是企业主人的心态，才具备了一个优秀员工的素质。

贝迪是一个优秀的专业木匠，做了一辈子木工，由于敬业和勤勤恳恳而深得老板的信任。到达一定的年龄之后，贝迪对老板说："我想退休回家，像个平凡老人一样与亲人一起共享天伦之乐。"

老板与他共事这么久，充满了感情，百般挽留，无奈他去意已决，只好答应了他的请辞："我同意了，可是希望你能够最后再帮助我盖一栋房子。"面对这么多年一起工作的老板，贝迪找不到理由去推辞。

其实，贝迪满腹牢骚。他归心似箭，根本没用心思在这栋房子上。用料简单粗糙，做事粗心大意，房子很快就盖好后，贝迪立即兴冲冲地向老板辞行。没想到，老板却将房子的钥匙交给了他。

老板说："你为我工作了一辈子，我送给你这份礼物作为感谢。"老木匠愕住了，又悔恨又羞愧。他没有想到，自己一生盖了那么多精致的豪宅华亭，最后却为自己建了这样一栋粗制滥造的房子。

如果贝迪最后也能像平常一样，用主人翁精神认真地建好房子，最后的房子就是精美漂亮的。可是，结果呢？

职场中，很多员工又何尝不是这样？工作的时候，他们总是漫不经心的、凑凑合合的，认为那是老板的事业、老板的"房子"，公司的发展好坏与自己无关；每天工作不是积极行动，而是采取消极应付、得过且过的方法，做任何事都不肯精益求精。老木匠正是缺乏主人翁意识，最后才陷入了自己构筑的困境中。

忠诚的员工，不管老板在不在，不管公司遇到什么样的挫折，都愿意全力以赴。他们拥有愿意帮助公司创造更多财富走出困境的主人翁心态，这样的员工才是合格的。

主人翁意识不是靠口头讲出来的，是能够经受住各种考验的行动和付出。特别是在公司困难和陷入危机的时候，更需要员工与企业同呼吸、共患难。有主人翁精神的员工以公司为家，处处为公司着想，即使离开公司也绝不会做有损公司形象或利益的事。

如果你渴望担当大任，渴望获得更为广阔的发展舞台，就应该以主人翁的态度来做事。当我们以公司主人的身份来工作，将整个身心彻底融入公司事务中时，我们就会尽职尽责，全心全意地把自己当成是企业大家庭中的一员。

不管是否才华横溢、能力出众，只要我们积极主动，处处为公司着想，当我们做出成绩时，很快就会成为一个被人信赖的人，晋升便水到渠成。更重要的是，永远不用担心失业，因为只有主人舍弃家，却没有哪个家会抛弃主人。

魔力悄悄话

主人翁意识，会让员工明确地意识到自己的使命，并为达成使命全力以赴；会让有责任心的员工对所从事的工作更加积极主动。有主人翁意识的员工，往往能够以公司为家，处处为公司着想；即使离开公司，也绝不会做有损公司形象或利益的事。

忠诚度决定成绩的大小

有这样一则寓言：

一个农夫养了一匹马和一头驴。有一次，农夫骑着马去了一个很远的地方，一段时间之后，农夫骑着马又回到了家里。马向驴谈起自己的旅途经历，驴惊羡不已。可是，马却说："其实，我和你所走的距离都是差不多的。只是我和农夫都有一个遥远的目标，我们一直朝着这个目标前进，才看到了广阔而壮丽的世界。而你一直都是蒙着眼睛围着磨盘转，所以就看不到外边的精彩世界。"

这则寓言看似简单，却告诉了我们一些道理：在这个世界上，绝大多数人的智力和体力都是差不多的，却会做出不一样的成就。为什么会出现这种情况呢？造成这种差别的关键原因就在于是否给自己树立了一个远大的目标。

美国成功学大师卡耐基曾经说过："人一生命运的差别并不在于天赋或机遇，而在于有无人生的目标。"不仅我们的人生道路是这样，职业生涯同样也是这样。在职场中，只有做到有的放矢，明确自己的目标，才能少走弯路，最快地实现自己的价值。否则，就只会像寓言中的那头驴一样，永远在原地打转，白白消耗自己的精力和体力。要想在职场中准确地给自己定位，就不要忘了给自己设定一个目标。有了目标的指引，我们才能清楚地知道自己要干什么，自己努力的方向在哪里，才能矢志不渝地朝着奋斗目标前进。

有一句职场名言："一个没有目标的人生就像一场没有球门的足球赛，对球员和观众都索然无味。"对于刚入职的职场新人来说，为工作定个目标，为未来做个计划，更是入职职场的第一课。

胡小西是南方一所著名大学的广告学硕士，2008 年 7 月毕业后，进入一家网站做市场策划工作。对于目前的工作，胡小西觉得很满足，可是对未来却没有太多考虑，也没有给自己定一个明确的目标，更不知道该如何做一个适合自己的详细职业规划。

其实，职场中，类似胡小西这样的职场新人为数不少。要想做一个适合自己的职业规划，最重要的是确定自己的职业方向。职业方向就像是大海里的船，必须有一定的航向，不然，任何风都是逆风。对于成功的职场人士来说，设立目标很重要，同时更重要的是，要为自己设定一个高目标。当你为自己设定了一个高目标时，这个目标就会清晰地呈现在你的脑海中，表示你一定要为之努力奋斗。

没有高度的目标不能算是一个目标。只要将自己的目标设定的稍微高一些，你才会下意识地考虑，才会更加努力，才会作出比较大的成绩。如果一个目标设置得太低，是不利于自己进步的。当你给自己设定了一个较高的目标后，你就会有一种紧迫感。马越骑越快，人越逼越勇。与此同时，你的潜意识开始接受这条指令，并自动执行。你的头脑就会开始酝酿达到目标的计划和方案，促使你快速地达成你的目标。

人类的潜意识是与宇宙自然无边的信息与资源相通的，拥有巨大无比的能量，它可以达成你任何的目标！如果没有设定目标，也就无从着手。就像你吩咐一个人去做一件事情而没有规定几时完成一样，他可以一天之内完成，也可以一个月，也可以变成遥遥无期。而无期就代表完不成。有了目标，潜意识便会自动调动一切资源，迅速达成你的目标。

身在职场，有相当一部分人对每天应该完成的工作不清楚。即使他们手头上工作的进度比事先计划的延迟很多也浑然不觉。他们往往以"今天没有心情""今天偷懒一点没关系"等为借口，把今天的工作向后推。久而久之，这样的人就会对工作懈怠，职场危机也就会不请自到，所以要给自己设定一个目标。具体来说，应设定下列目标。

1. 日目标

对工作要有短期目标，最适宜的方法是制定"日目标"。清楚知道每天需要完成的工作量，并意识到如果不按时完成会产生的后果，这样做就会有效地防止自身的懈怠。

2. 月目标

职场给自己制定"月目标"，也就是为期一个月的工作计划。

3. 目标稍高一些

在实际工作中，每天所计划的工作量要略高于按总工作量计算的平均工作量，因为在日常工作中经常会遇到不可预测的事情，比如突然的应酬、身体不适等。如果你的工作接近完成，这个时候不妨放松一下，打开电视看看周末的娱乐综艺节目或者安排周末旅游。

魔力悄悄话

目标不同，员工对工作的态度就不同，自己的命运也会不同。真正阻碍一个人前进的障碍只存在于一个人的内心当中，只要冲破自身的极限，就一定会取得意想不到的效果。如果能够建立一个良好的工作态度，只要坚持不懈，定能取得不菲的成绩。

逆水行舟，不进则退

日益加剧的竞争和超负荷的工作量，让不少职场人的冲劲、热情渐渐消失殆尽，并出现了身体和心理上的不舒服，心理学家称之为职业枯竭症。快节奏的现代社会带给人们的竞争压力，更加剧了这种职业枯竭感的蔓延。当工作无法带来冲劲和热情时，他们的内心会有深深的失落感。而且，随着阅历的增加，对工作轻车熟路，挑战越来越少，人们对工作的新鲜感逐渐丧失，容易厌倦和乏味。另外，职业生涯发展到一定的阶段，不少人对自己的认识和定位模糊起来，变得机械而漫无目的，失去了工作乐趣。

郭女士是一名网络编辑，每天工作非常忙，但工作内容千篇一律，不外乎就是"剪刀加糨糊"，把其他媒体上刊登的稿件复制过来加工整合一下。

每天不停地重复这样的工作，让郭女士觉得身心疲惫，失去了当初的激情和斗志，感觉自己的思想就像被吸光了一样，没有灵感，心情烦躁，对什么都不感兴趣。她怀疑自己患上了职业枯竭症。

那么，我们该如何找回工作中的乐趣呢？感觉对职业枯竭的人应该及时充电，靠更新知识来武装自己，提高自身实力。这样不仅自己心里有底气，用人单位也会重视，甚至有更好的工作机会主动找到你。现在的社会，就是一个学习型的社会，我们的人生，就是学习型的人生。充电、学习，应该是我们每个人的生活方式。

　　纽约一家公司因为经营不善被法国一家公司兼并了。在签订兼并合同的当天，公司新任总裁宣布："我们不会因为兼并而随意裁员，但如果你的法语太差，无法和其他员工交流，那么我们不得不请你离开。这个周末我们将进行一次法语考试，只有考试及格的人才能继续在这里工作。"听到这个消息，几乎所有的员工都涌向图书馆，只有赵凯像平时一样直接回家了，其他人都认为他肯定不想要这份待遇丰厚的工作了。可是结果却令所有人都跌破了眼镜，这个被大家公认为最没有希望的人却考了最高分。

　　原来，赵凯在大学刚毕业来到这家公司后，就已经认识到自己身上有许多不足。从那时起，他就开始有意识地提高自身的能力。无论工作多么繁忙，赵凯都会抽时间熟悉公司所有部门的业务，并谦虚地向同仁请教，很快就熟悉了整个工作流程。更难能可贵的是，作为一个销售部的普通员工，赵凯还时常向技术部和产品开发部的同事们学习相关的技术知识，所以每次都能对客户的问题时答如流。

　　在工作中，赵凯还发现公司的客户多半来自法国，于是在工作之余开始刻苦地学习法语。当同事都在请公司的翻译帮忙翻译与客户的往来邮件与合同文本时，他早已经能够自行解决这些问题了。

　　个人学习能力，是指个体吸收和运用知识并改变工作和生活状态的能力。在这个知识经济的时代，学习已经突破了学校的限制，变成了终生的事情，需要随时随地地学习，因此学习能力的提高比学习知识重要得多。如今的职场上，"充电"已经变得越来越重要。的确，面对激烈的人才竞争，我们要学会学习，不断地进行自我增值，否则就如同耗损的电池一样失去了价值。特别是对于刚刚迈入职场的年轻人来说，要想在职场中闯出自己的天地，那么能力将是主要的"进攻武器"。

　　可是当人们都认识到了"充电"的重要性时，新的问题又出现了：很多人在"充电"的过程中乱充电、充错电，这种现象时有发生。这样的问题无疑是巨大的，轻者浪费了自己的金钱和精力，重者则让自己的职业生涯陷入窘境。

很多人只是选择考一个职业资格证书、进修语言来给自己"充电"，但即使这样的培训也是盲目的偏多。有人这样形容自己的培训感想："听听激动，想想冲动，回去一动不动。"那么，我们如何在有效的时间里制订合理的"充电"计划，使"充电"的效能达到最大化的同时还不耽误工作，为个人成长和职业发展推波助澜呢？

第一，"充电"定位要准确。在选择"充电"时，首先要认真分析一下自己所在的领域对人才有什么样的标准和要求，比如学历、工作经验、专业背景等，然后按市场要求调整自己的充电方向和方式。此外充电一定要选择能使自身价值得到提升的专业或项目，千万不要仅仅为了一张文凭而去学习。

第二，"充电"目标要明确。很多职场人在选择充电的时候，市场上流行什么，什么证书最吃香，他就学什么，拿了一大堆的证书，似乎什么都能干，竞争力增强了，其实不然。这样的"充电"对个人来说不仅是金钱和时间上的损失，更关键的是很容易把自己的职业观念引入歧路。自己会很迷茫。

第三，"充电"时机要明确。"充电"的方向是对的，可是却在一个错误的时间来进行，结果事倍功半。这也是职场人常常会犯的毛病。

第四，合适的"充电"。学习的时候，要选择合适的时机，否则，不仅会增加投资成本，还会浪费时间。这里的时间节点，主要指的是一个人职业发展的特定时间阶段。

魔力悄悄话

在这个日新月异高速发展的时代，应该不断地寻求进步，探索新的工作方式，创造新的价值。如果你不去学习，一味固守陈旧，即使你以前学的知识再丰富都会过时，会变得一无用处，最终被淘汰。只有不断地学习新知识充实自己，才能跟上时代的发展！

竞争时代，更需要忠诚

在日常生活中，很多人都奉行"知足常乐"的原则，可是，最近一项新的调查结果却显示："略微不满足"的人更易取得成功。

"不知足"是一种竞争的状态，是一种目标的选择，是一种进步的力量。有了这种力量，人们就会把人生的追求和对社会的责任，转化为个人前进的动力、拼搏的勇气和坚定的信念。在追求理想的过程中，永不知足。

具有"不知足"精神的员工，不仅会主动奋斗、主动服从、主动负责、主动付出、主动奉献、主动合作、主动思考、主动节约，更会主动做好一切工作、主动为企业谋利、为企业着想。同时，也绝不会忘记为自己的前途，为自己的未来积极进取，不断超越，不断成功，直达最高的峰顶。

积极主动的员工不管从事什么工作，都不会轻率疏忽，满足现状；相反，他会在工作中以最高标准要求自己，能做到最好，就必须做到最好。永远不会说"我做得够好了"，而是永远严要求高标准地促使自己不断向前。

进取是一种处世的态度，更是前行的动力。具有进取精神的员工，永远不会满足，永远不安于现状，永远拼搏，永远奋斗，从而激发出自己身上蕴涵的无限潜能，一直向着成功前进。

李涛是一家公司的老板，可是在 3 年前他还只是一个普通的推销员。平时，李涛喜欢读书，有一次他在一本书上看到这样一句话：每个人都拥有超出自己想象 10 倍以上的力量，没有够好，只有更好。

在这句话的激励之下，李涛反省自己的工作方式和态度，发现自己错过了许多可以和客户成交的机会。于是，他为自己制订了一个严格的工作计划，每一天都按计划去做。

3个月后，李涛回过头看看自己的工作进展，发现业绩已经增加了两倍。数年以后，他便拥有了自己的公司，在更大的舞台上验证着这句话。

其实，整个世界都是竞技场，每一个人从出生那天起，就投入到了比赛中。比学习成绩，比工作成果，比事业成就，比家庭幸福……成功的人，总是那些不安于现状的人。

一个人如果有了进取精神，充满生气，就会积极向上；一个社会有了它，就会充满活力，就会大踏步地向前发展；一个国家有了它，就会国富民强，蒸蒸日上。大凡那些成功的政治家、著名的企业家、优秀的艺术家、杰出的科学家、创造纪录的运动员……都有一种一般人所没有的成功动机，求上、求优、求高，高标准地要求自己，并且付出了常人难以想象的努力，使自己一步一步向目标前进。

在职场这个大竞技场上，无论你是什么角色，比如工人、农民、教师、老板、公务员……你都必须参与竞争。任何人都不能说"我与世无争，你们比赛去吧"，即使你放弃了比赛资格，也不等于就能够安安稳稳地生活。因为你不争，并不等于别人不争。所以，既然必须参与竞争，那何不勇敢地竞争呢？

魔力悄悄话

在激烈的职场竞争中，如果仅仅满足于目前状况，那么他一定会在最短的时间里就被埋没在职场前进的大浪潮中。所以，"知足"或许可以"乐"，但不可能"常乐"，只有"不知足"才能"常乐"。

不贬低别人是忠诚的一种表现

职场中，很多人都有一个通病，就是在闲暇的时候喜欢议论他人，但是千万要记住，议论也要分场合和对象。在午休时，或是在闲暇的时候与同事聊天，不注意说了关于上司和公司的坏话，说不定就会被谁听了去。结果传到了上司的耳中，上司对你的态度就会有很大的转变。

在工作过程中，每个人考虑问题的角度和处理的方式难免有差异，对上司所作出的一些决定有看法。在心里有意见，甚至变为满腹的牢骚，有时也是难免的，但就是不能到处宣泄。否则经过几个人的传话，即使你说的是事实也会变调变味，待上司听到了，便成了让他生气难堪的话了，难免会对你产生不好的看法。

古代，有个姓周的人家。家里没有水井，打水很不方便，经常要跑到老远的地方去打水，家里甚至需要有一个人专门负责挑水的工作。

有一天，周家人决定请人在家中打一口井，以此来节省人力。很快，井就打好了，周家人非常高兴，逢人便说："这下可好了，我家打了一口井，等于添了一个人。"有人听到了这一句话，便添油加醋地说："周家从打的那口井里挖出个人来。"

这话越传越远，到最后全国人都知道。宋王得知这件事情后觉得不可思议，就派人来周家询问，周家的人吃惊地说："这是谁说的！我们挖了一口井，可以省去一个人的劳动，就相当于添了一个人，并没有说打井挖出一个人来。"

这样的故事是不是很可笑？就像上面的例子一样，如果你在同事间贬低上司的话传到上司耳中变成"打井挖出一个人来"，那么即使你努力工作，有很好的成绩，也很难得到上司的赏识。最好的方法就是在恰当的时候直接找上司，向其表达你自己的意见。当上司感受到你对他的尊重和信任时，对你也会多出一些信任；这比你处处发牢骚、贬低对方好多了。

如果你希望老板善待你，就不要说对老板不利的话。不要以为你对朋友说的话不会传到老板那里，也不要以为你说的话没有恶意就可以不必担心老板知道；如果透露和歪曲你的讲话可以给某些人带来利益，就一定会有人这样做向老板邀功请赏。你也许有足够的理由指责这种人是卑鄙无耻的小人，但避免这样的事最好的办法还是首先管住你的嘴。所谓"祸从口出"就是因为没有管好嘴造成的。

韩晓是个留美的博士，在国外也有过两年的工作经验。高学历加上高能力，让他成为很多企业争相聘请的热门人才。

经过一番选择之后，韩晓最终进入了一家著名的国企，设想自己可以大干一场。可是，3个月之后，韩晓竟然备遭冷遇，在单位沦落到几乎无事可做。这在他30多年的人生经验中是从来都没有过的，韩晓感到自己快要崩溃了！

原来，韩晓虽然能力出众，却有一个致命的弱点，就是喜欢贬低他人，尤其是能力不如自己的领导！当他看到别人的问题时，每次都会直言不讳地给对方指出来，对下属如此，对平级的人，甚至领导也是如此。

下属听到他的批评，当然会改正；同级的同事可就不这么认为了，觉得韩晓是爱出风头，喜欢贬低别人抬高自己。虽然韩晓说得都对，同事也会按他的提醒进行改进，但是内心都很不满，背地里对韩晓意见很大。

有人劝过韩晓："何必这样不给人留情面呢？"可是，韩晓却觉得这根本不是问题，以前他在国外读书、工作，有问题都是这样直接地指出来。当时的教授、老板都很欣赏他这一点呢。

有人说："这是在中国，国情不同，企业文化不同，你还是注意点好。"可是，韩晓依然按照自己的想法来，没有多想。

渐渐地，韩晓在单位人缘就变得很差了。有人在背地里给他打小报告，韩晓知道后，却认为："没什么。"直到有一天，他直接指出了一位领导的问题，结果……

其实，不管是对同事还是下属，提出负面意见都要慎重，当着大家的面公开说更是不妥当，给对方留些面子那是必须的！所以，正面的评价肯定公开说，负面的私下里沟通，这是最重要的原则。

一般来说，忠诚的员工都不会当着同事的面贬低老板，否则只会显得盛气凌人。当你指出老板的问题时，即使是能够帮到对方，是一番好意，但是态度太直接，就会带来完全相反的后果。对方即使接受，心里也会感到不舒服，更加不会感念你的好意。

如果你打算在老板的手下干下去，就不要说老板的坏话，更不能贬低老板。

不能在同事间私下议论老板的是非，否则等于是为别人向老板打小报告提供材料。

不管做任何事情，都要把握好分寸：说话要有分寸，谈论事情要分场合，议论他人要看对象。说话办事，要量力而行。

试想，你连自己的嘴都管不住，怎么能管得住别人的嘴呢？在外人面前损毁自己老板的形象，并不是一件让你光彩的事。相反，如果你在别人面前对你的老板表示出特别的钦佩，那么别人就会对你多出一些羡慕。如果你认为你的老板实在没有什么值得肯定的地方，也不想说一些虚假的话，那就不要谈关于老板的话题。

有些人说：老板太坏了，我不说会憋出病来。如果事情真有这么严重，最好换一个老板。否则，老板迟早也会换掉你。因为老板跟你一样，不喜欢别人说自己的坏话。

作为下属，要正视自己与领导的关系。

首先，作为下级，你没有必要评价上司。上司领导的岗位是上司的上司确定的，是按照岗位职责的需求寻找合适的管理人员；同时，作为上司的上司领导，他的判断能力应该远胜过下级的下级的你。无论下属怎么评价，上司每年都能够及时完成自己的绩效管理的指标，就说明他是称职的。所以，茶余饭后的闲聊，只能当作打发时间的一种方法，不能作为判断的依据。

其次，看人的角度要全面客观。职场中，很多人习惯拿自己优点和领导的缺点对比。其实，即使领导真的有些缺点，但这些缺点不影响其工作岗位的发挥，也不能作为管理者的缺点。今天，每个人的性格、受教育的环境、成长的经历都不尽相同，要用积极、客观的视角评价领导，这样才有意义。

最后，不要错误地认为把领导从管理岗位上轰下来，你就有机会取代他的位置。其实，从管理的角度来看，领导表现不行，一般都会认为整个部门都不行，不会光认为领导不行。即使作为下级的你非常优秀，公司也会从其他部门调一位领导过来任职，通常不会从一群比较差的下级中提拔干部。

作为下级，一定要时时刻刻记住，只有很好地配合上司开展工作，把本部门的工作一起做好，上司才有获得提拔的机会，你才更有机会。所以，作为下级的你，随时要为上司提供帮助。

魔力悄悄话

工作中，总有这么一些人，喜欢当面或背后无中生有地说老板的坏话，通过贬低老板来达到抬高自己的目的。殊不知，是非曲直自有评说，谬误重复千遍也成不了真理，贬低别人来抬高自己的人，最终只能是搬起石头砸自己的脚而已。

管住自己的嘴，才能更好地贯彻忠诚

在职场上"说话"也是一种艺术。很多时候，有些人吃亏就是因为没能管住自己的嘴巴。只要人多的地方，就会有闲言碎语。有时，你可能不小心成为"放话"的人；有时，你也可以是别人"攻击"的对象。要想成为一名忠诚的员工，就要懂得，该说的就勇敢地说，不该说的就绝对不要乱说。

案例一：

张强大学毕业后考取了公务员，在国家机关做办公室文员。他性格内向，不太爱说话。可是，每当就某件事情征求他的意见时，他说出来的话总是很"刺"人，而且总是在揭别人的"短儿"。

有一次，一位同事穿了件新衣服，别人都称赞"漂亮""合适"之类的话，可当人家问张强感觉如何时，张强直接回答说："你身材太胖，不适合。这颜色你穿也有点艳，根本不合适。"

听了张强的话，当事人很生气，而且周围大赞衣服如何如何好的人也很尴尬。因为，张强说的话有一部分是事实，这位同事就是比较臃肿。

虽然有时张强也会为自己说出的话不招人喜欢而后悔，可是很多时候，他依然会说些特别让人接受不了的话。久而久之，同事们把他排除在了集体之外，即使遇到了问题也不会征求他的意见。

尽管这样，如果偶然需要听听他的意见时，张强依然管不住自己，经常会说一些别人最不爱听的话。现在，在公司里几乎没有人主动搭理他。

案例二：

霍家辉在一家知名外企公司工作。有一次，项目经理告诉他说："我们打算给公司做一个宣传策划案，这个由你来做！"霍家辉很高兴，完全按照项目经理的意思加班加点，并顺利完成策划。可是，当策划案交到公司该项目主管领导那里，他却被狠狠批了一通。

霍家辉不甘示弱："这个方案是我们小组所有人讨论的结果，而且，我们项目经理也非常赞同，这个策划案60%都是项目经理的想法。"

可是，没想到领导直接把项目经理叫来了，当面对质。主管领导追问项目经理："听说这都是你设想的，就这种东西还能叫方案，还值得你们那么多人来集体策划？我看你这个项目经理还是不要当了。"

从主管领导的办公室出来后，霍家辉又被项目经理批评了一顿。项目经理告诫他："以后说话前动点脑子，别把什么都说出去。"可是，霍家辉认为，自己没有说错什么，更何况说的都是实话。

案例三：

周欣是一家宠物杂志的记者，从小就喜欢小动物的她很庆幸自己能够选择一个非常合适的工作。因为喜欢和动物接触，所以周欣不仅工作努力，而且热情有加。

在一个月前，公司对一些成绩优秀的员工进行了升职加薪，人员名单中却没有周欣；而一个在工作热情和工作业绩上都明显不如她的人却升了职。

周欣知道，这个人的升职肯定得益于他对主任的奉承。这个人平时总是像哈巴狗一样跟在主任的后面，周欣怎么也想不通，愤愤不平地对自己的一位同事说："主管提升人不是看谁有本事，不是注重人的才能，只把眼睛盯在会拍马屁的人身上。"

可是，这话说出去后没多久，周欣明显感觉主管对她另眼相待，并且时时在一些事情上压制她。年底，当周欣的合同快到期时，主管以单位人力资源部门对她的绩效考核不及格为由，没有与她续约。

案例四：

邓珊珊是一个性格开朗的女孩，来到新单位没多久，就成了办公室里的"开心果"。一天，她和同事下班回家，看见上司的车里坐了一个年轻漂亮的女孩。

第二天，邓珊珊就在办公室大声公布了她的新发现。两天以后，上司把她叫到办公室，告诫说："以后在上班时间少说与工作没有关系的事。"邓珊珊闷闷不乐地回到自己办公的地方，没有一个人过来安慰她。

后来，邓珊珊渐渐地发现，办公室里除了她，别人几乎很少说与工作无关的话，更别说提及别人或自己的私事了。只要邓珊珊不开口说话，办公室里几乎是死气沉沉的。邓珊珊不明白，为什么大家之间的关系那么冷漠，处事都那么小心谨慎。

上面的例子，在我们的职场中经常会出现。其实，在人际交往中有许多事情需要我们注意，尤其是在交谈的时候。

人们常说："多说多错。"是有一定的道理的。因为一旦闭不上嘴巴拼命说的话，往往会很少动用大脑思考那些语句说出之后会对自己或对别人造成多大的影响。有一些事情，即使法律没有禁止你，你也不能到处去说，尤其是在职场上。

在办公室里，同事每天见面的时间最长，谈话可能涉及工作以外的各种事情，"讲错话"常常会给你带来不必要的麻烦。同事与同事间的谈话，如何掌握分寸就成了人际沟通中不可忽视的一环，一定要管住自己的嘴巴。

1. 不要和同事互诉心事

有许多爱说话、性子直的人，喜欢向同事倾吐苦水。虽然这样的交谈富有人情味，能使你们之间变得友善，但是资料显示：只有不到1%的人能够严守秘密。所以，当你个人遇到危机、失恋、婚外情等情况时，最好不要到处诉苦，不要把同事的"友善"和"友谊"混为一谈，以免成为办公室的注目焦点，给老板留下"问题员工"的印象。

2. 不要进行激烈的辩论

有些人喜欢争论，一定要胜过别人才肯罢休。如果你确实爱好并擅长辩论，那么最好把此项才华留在办公室外去发挥；否则，即使你在口头上胜过对方，也会损害了对方的尊严，对方可能从此记恨在心，说不定有一天他就会用某种方式进行反击。

3. 不要当同事的面炫耀

有些人喜欢与人共享快乐，但涉及你工作上的信息，比如，即将争取到一位重要的客户、老板暗地里给你发了奖金等，最好不要拿出来向别人炫耀。只怕你在得意忘形中，忘了有某些人眼睛已经发红。

魔力悄悄话

职场中，既不能谈论自己，更不要议论别人。每天下班后经常和同事朋友喝酒聊天并不是一件好事，因为，这中间往往会把议论同事、朋友当作话题。背后议论人总是不好的，尤其是议论别人的短处，这些会降低你的人格。要管住自己的嘴巴。

忠诚是对于自身荣誉的坚持

荣誉是一个人最宝贵的财富之一，可称之为"无形资产"。如果你拥有荣誉，你就可以获得你想要的财富。相反，一个拥有财富却失去荣誉的人，不仅不能再获得财富，连已经获得荣誉也会失去。荣誉来自忠诚。永远忠诚于企业的员工，能够获得企业回报的最高荣誉。

企业有企业的品牌，产品有产品的品牌，个人有个人的品牌。个人的价值大小，会直接体现在品牌上面。个人品牌包括多种因素，过人才华只是基础，忠诚才是最重要的。拥有强势个人品牌的人，是企业争夺的对象，这样的人从来不会为加薪、晋升和谋职发愁。从这个角度来说，公司的事，就是你自己的事。无论你是以老板的身份出现在公司，还是以打工仔的身份出现在公司。对公司负责，也就是对自己负责，不管你在公司里担任哪一个角色。不要在事情面前绕道而行，更不要对问题视而不见，因为你是在为自己工作！

美国人汤姆搬家时，准备换一张新床垫。汤姆去了一家名为"蓝森林"的家具店买床垫。汤姆的床垫出自美国最知名的家具厂"美像厂"。床垫的质量与价格都是美国一流的，在社会上很有声誉。

汤姆买床垫的那天，按规定先向家具店交付了 200 美元订金。交完钱后，他便高高兴兴地回家了。谁也没有想到的是，汤姆那天出了大事。他在回家的路上遇到了不幸：路边的一辆煤气车突然发生爆炸，汤姆的车子被炸翻了。他被送到医院时，已经人事不省。几天后，他仍然没有脱离危险。

而这时已经到了家具店给汤姆送床垫的日子。当家具店把床垫送到汤姆家里时，开门的人却是一副不知所措的样子。他说他从来没有订过什么床垫。对送床垫事，他感到莫名其妙。送货人对照订单的地址，发现一点也没错，就是这个小区，就是这个门牌。但房子的主人坚持说送错了，说他对于此事一无所知，还说这里根本没有一个叫汤姆的人。事情让人百思不得其解。送货员只好将床垫拉回店里。

他想，如果出了什么差错，那个叫汤姆的一定会回来找的，他毕竟已经交了200美元的订金。殊不知，这时的汤姆已经被医院诊断为植物人。他的家人也不知道汤姆已经预定了一张床垫。"蓝森林"家具店是一家严守合同，为顾客着想的老店。他们不但没有因为这张床垫无人来取而感到捡了个便宜，反而陷入了困境。他们在店门口张贴了广告，又在当地报纸发布了消息，寻找汤姆，并希望知情者提供有关汤姆的线索，好让他将床垫领走。汤姆的处境使他的家人根本没有时间看什么报纸。他的邻居们更没有想到，遭遇了不幸的汤姆，在这之前还订购了一张床垫。

事实上，这已经成了一桩悬案。然而家具店和生产床垫的厂家坚持一定要等汤姆来领床垫，这是关乎信誉和诚实的问题，做生意怎么能不讲诚信呢？多年来，无论是商家还厂家，都一直信守着自己的经营承诺——急顾客所急，想顾客所想。但事实是，汤姆却不能来领床垫了。一切如石沉大海。汤姆订购的床垫放在家具店里一年了，依然没有人来认领。汤姆的床垫在店里放置两年了……还是那个老样子。

又过了两年，厂家已经不再生产这种床垫了，汤姆还是没有来。这期间商店和厂家为这张床垫又交换了几次意见。双方商定还是留下这张床垫。虽然事实上也许不可能有人来认领这张床垫，但道义上，他们仍然选择了忠诚于自己品牌的信誉，因为他们是美国知名的厂家和商店。就这样，这张没有人来认领的床垫被店家挪来挪去，虽然很占地方，却没有人说什么，也没有人对这种看似愚蠢的做法提出任何异议。

这期间，家具店换过两次老板。接任时，前任都要领着接任走到这张奇特的床垫前，说明几年前发生的事情。接任者也像他们的前任一样，都选择忠诚于自己的信誉和顾客，信守诺言。每隔一段时间，他们就会照样拿出一支粗笔，把床垫上那个几个已经模糊的大字再描上一遍："订购入，汤姆。"他们不仅耐心地等待着汤姆，而且把这件事作为信守合同的义务让自己履行。"蓝森林"家具店的做法，笨拙得让人感动。

谁也没有想到，七年之后，奇迹发生了——植物人汤姆苏醒了。汤姆的苏醒是作为医学界的一个奇迹被媒体争相报道的。电视、报纸上都登出了汤姆起死回生的消息。这里的汤姆已经不记得从前的事了，毕竟已经过去七年了。但离他最近的一件事他还是想起来了，那就是七年前，他是在订购床垫回来的路上出了事的。

家具店老板得知这一消息后十分惊讶，急忙派人去医院找汤姆。原来，七年前汤姆把订货单上的地址写错了，把一区写成了七区。一区和七区相差了五里路，怪不得床垫送不到汤姆家里。七年之后，家具店终于把床垫送到汤姆的家。店家是作为汤姆康复回家后的一个礼物，将床垫送去的。这件事在全美引起了强烈的震动。床垫厂商和家具店的信誉让人十分感动，他们默默坚持了七年。整个过程平凡又让人流泪。汤姆回家的那天，许多市民跑到街上，他们一定要抬一抬，摸一摸这张神奇的床垫。

人们说，汤姆的苏醒肯定与这张床垫有关。他们不但认为汤姆的苏醒是一个奇迹，同时也认为，家具店七年来对汤姆的深情召唤功不可没。是上苍不肯放走汤姆，一定要他睡一睡这张床垫。就连美国当时的总统里根，看了报道，也激动得跑到一家新闻中心大加赞扬，他肯定地说："忠诚，一定会感动上帝！"

魔力悄悄话

面对自身的信用，有人选择坚持，有人却毫不在乎，在我们这样一个"快餐主义"盛行的时代，能够忠诚于自身的信用是非常难能可贵的，尽管有些时候，忠诚确实会呈现出愚和拙的一面。但说到他的实质，请不要怀疑，一定是美好的。

第三章
不忠诚的理由都是错的

忠诚因为努力的狂妄而变得毫无价值。

——莎士比亚

忠诚需要完完全全的真实。

——夏尔丹

忠诚是通向荣誉之路。

——左拉

忠诚是人生的本色。

——清·黄宗羲

忠诚是人们心目中最神圣的美德。

——塞内加

你自己才是忠诚的最大受益人

来到这个世界上每个人都不可能独立存在，而总是和各种各样的人，以及各种各样的组织和团队发生关系。你必须同与你发生关系的人、组织、团队建立一对一的"亲密朋友"系统，绝对忠诚于对方，否则，对方不信任你，你就会被对方抛弃。

有的人天生具备忠诚的品质，这样的人生存能力要强一些，有的人天生不具备忠诚的品质，这样的人生存能力要弱一些，必须培养自己的忠诚。

忠诚的人会主动追求卓越，缺乏忠诚的人总是在"合格"处停住了脚步，如果连合格都达不到，他们就找出借口来为自己开脱。在竞争越来越激烈的职业场，只达到合格的人，已经不具备竞争力，只有那些最优秀的员工，才能够胜出。

一次，约翰和戴维负责把一件很贵重的古董送到码头，上司反复叮嘱他们路上要小心，没想到送货车开到半路却坏了。如果不按规定时间送到，他们要被扣掉一部分奖金。于是，约翰凭着自己的力气大，背起邮件，一路小跑，终于在规定的时间赶到了码头。这时，戴维说："我来背吧，你去叫货主。"他心里暗想，如果客户看到我背着邮件，把这件事告诉老板，说不定会给我加薪呢。他只顾想，当约翰把邮件递给他的时候，一下没接住，邮包掉在了地上，"哗啦"一声，古董碎了。"你怎么搞的，我没接你就放手。"戴维大喊。"你明明伸出手了，我递给你，是你没接住。"约翰辩解道。他们都知道古董打碎了意味着什么，没了工作不说，可能还要背负沉重的债务。果然，老板对他俩进行了十分严厉的批评。"老板，不是我的错，是约翰不小心弄坏了。"戴维趁着约翰不注意，偷偷来到老板的办公室对老板说。老板平静地说："谢谢你，戴维，我知道了。"老板把约翰叫到了办公室。约翰把事情的原委告诉了老板。最后说："这件事是我们的失职，我愿意承担责任。另外，戴维的家境不太好，他的责任我愿意承担。我一定会弥补我们所造成的损失。"约翰和戴维一直等待着处理的结果。一天，老板把他们叫到了办公室，对他们说："公司一直对你俩很器重，想从你们两个当中选择一个人担任客户部经理，没想到出了这样一件事，不过也好，这会让我们更清楚哪一个人是合适的人选。我们决定请约翰担任公司的客户部经理。因为，一个能勇于承担责任的人是值得信任的。戴维，从明天开始你就不用来上班了。""老板，为什么?"戴维问。"其，古董的主人已经看见了你们两在递接古董时的动作，他跟我说了他看见的事实。还有，我看见了问题出现后你们两个人的反应。"老板最后说。任何一个老板都清楚，一个能够勇于承担责任的员工，对于企业有着重要的意义。问题出现后，推诿责任或者找借口，都不能掩饰一个人责任感的匮乏。因此，工作中承担责任，把它当成一种习惯去培养并固定下来，一旦出现问题，就敢于担当，并设法改善。慌忙推卸责任并置之度外，只会伤害公司和客户的利益，同时，也会伤害到你自己。绝大多数老板都不愿意让那些习惯于推卸责任的员工来做他的得力助手。在老板眼里，习惯于推卸责任的员工，便是一个不可靠的人。对自己的行为负责，对公司和老板忠诚，这才是老板最喜欢的员工。也只有这样的员工，才能在公司中有所发展。

失败的人才之所以陷入失败，是因为他们太善于找出种种借口来原谅自己，也使别人原谅。平庸的人之所以沦为平庸，是因为他们太善于搬出种种理由来欺骗自己，也使别人受骗。成功者找方法，失败者找借口。不找借口，是忠诚的表现。成功的人，事前头脑中只有"想尽一切办法"，事后只有"这是我的责任"。

忠诚不是一种纯粹的付出，忠诚会有忠诚的回报。企业不仅仅是老板的，他同时也属于职员。忠诚的确是国家的需要，老板的需要，企业的需要，你得依靠忠诚立足于社会。

任何老板都不会轻易地让一个人担任重要职位。如果你要想得到重用，就得一点一滴地展现你的好品质。多做一点，便多一份展示的机会，别以为多做一点是吃亏。即使你最终没有得到老板重用，你也从经常多做一点中学到了更多的东西，扩宽了职业发展的通道。

你自己才是忠诚的最大受益人，忠诚的人会比不忠诚的人获取更多。虽然，你通过忠诚工作创造的价值不属于你个人，但你通过忠诚工作造就的忠诚品质，却完完全全属于你，你因此在人才市场上更具竞争力，你的名字因此更具含金量。

魔力悄悄话

忠诚不仅是一种品德，更是一种能力，而且是其他所有能力的统帅与核心。缺乏忠诚，其他的能力就失去了用武之地。忠诚不能用回报来衡量，但一般来说忠诚是有回报的；也有没有回报的忠诚，如屈原（其实也有回报）等。所以说，忠诚总是有回报的。

淡定面对生活中的"不平事"

在家人、朋友或同事中，我们常常能够看到种种"不公平"的现象。的确，不公平的现象确实存在。可是，抱怨、愤恨也无济于事，生活还得继续。要想成功，就要给自己制订一个明确的目标，并用热切的渴望、积极的行动去实现它，而不是一味地去抱怨世界的不公。

世事没有百分之百的公平，一味地追求公平只会让人心理失衡；一味地为了公平去争斗，只会让我们失去更多，远离自己的目标。而且，有时候，我们所认为的不公平，只是因为我们所处的位置不同，看待问题的出发点不同。因此，就更要放宽心了。

一个农场的葡萄熟透了，如果当天不把葡萄全部摘完，葡萄就会烂掉。农场主自己不可能在一天内把葡萄全部摘完，于是，他就到市场上找了一群人，对他们说，"如果你们能在今天帮我把葡萄全部摘完，我就给你们每人一枚金币。"这群人听后非常高兴，就到葡萄园里摘葡萄。

中午的时候，农场主发现没摘的葡萄还有很多，看情况这些人不可能在天黑前把葡萄都摘完。于是，农场主又到市场上找了一群人，对他们说："如果你们能在今天帮我把葡萄全部摘完的话，我就给你们每人一枚金币。"这群人听后，兴高采烈地到葡萄园里摘葡萄。

可是，到了下午2点钟的时候，农场主发现这批人虽然非常卖力地摘葡萄，但他们还是不可能在天黑前把葡萄全部摘完。

于是，他又到市场上找了一群人，对他们说，"如果你们能在今天帮我把葡萄全部摘完的话，我就给你们每人一枚金币。"这群人听后，也非常高兴地到葡萄园里摘葡萄。

当日落西山的时候，葡萄终于全部摘完了。农场主先把最后一批人叫过来，给了他们每人一枚金币，这群人高兴地走了。他又把第二次招来的人叫过来，每人给了他们一枚金币，这群人并没有表现得非常高兴，但没有说什么，也走了。

当他把第一次招来的人叫过来，给了他们每人一枚金币的时候，这些人不高兴了，他们说："为什么我们干的活儿比后来的这些人多，但给的钱怎么都是一枚金币呢？"

职场中，很多人都会出现类似这样的体会。事实上，所谓的"不公平"感，其实是来源于与自己的劳动和报酬无关的其他人，是我们觉得人与人之间不公平。

背景、生长环境、受教育程度不同的人，对公平的理解也会有所不同。其实，公平只是相对的，不是绝对的，认识到这一点，也就不会去千方百计地追求百分之百的公平了。只要以平常心对人对事，就会获得自己内心的平静和愉悦。

不能因为月缺，我们就说月球不是圆的；不能因为日食，我们就说太阳不是永恒的。任何一天都有好与坏，没有哪一天、哪种环境是百分之百的"好"。职场中，我们之所以常常会抱怨不公平，是因为我们对自己的处境总是抱着一种悲观、抱怨的看法，而不是一种乐观、快活的看法。

自从到这家单位工作以来，丽梅就一直非常努力地工作，可是不知道为什么上司老是不给她好脸色看。

有一次，她和另外两个同事一起做好了一个项目，可是到了每周例会时，上司只表扬了那两个同事而漏了她。虽然她并不指望得到什么，可是心里还是感到不痛快。

到了年终，虽然丽梅的业务成绩一直都名列前茅，可是照例评不上先进工作者，最后她终于忍不住去问老板是如何评选先进工作者的，老板说："这要看综合实力，不是只看业务成绩。"

对于老板不痛不痒的回答，丽梅无话可说。但她实在想不明白，为什么上司对待员工会如此的不公平？

其实，丽梅遇到的就是办公室里很常见的不公平的现象。上司不喜欢丽梅，或许是因为她的性格，或许是因为她的能力有"功高盖主"之势，但也或许只是因为单纯地看她不顺眼、听她说话不习惯……

小时候我们总是觉得这个世界是公平的，只要你付出了，就会有回报。可是当你进入职场就会发现，不公平的事情随处可见。身处职场，不能要求绝对的公平，过于执着只会让自己心里承受巨大的压力。

世界上没有绝对的公平，所以当我们生气地咒骂办公室的不公平的时候，不妨换一个角度来想，为什么我会遇到不公平？发现原因，再去改变它，岂不是比你怨天尤人好很多？

面对不公平，我们的态度应该是：坦然面对它！努力适应它！力争改变它！这才是一个成熟的职场人应该具有的态度。

虽然面对办公室里的不公平，我们不可以抱怨，但我们是不是除了无可奈何就什么都不能做了呢？不是，我们能做的还很多。

1. 不必过于苛求

要知道，阳光公平地洒向大地，却还是有地方被阴影覆盖。公平是一种理想状态，但却不总是存在，过于苛求公平的人只是自寻烦恼。

2. 让自己成熟起来

总有人觉得，自己埋头苦干却没有那些"溜须拍马"的人得到的多。其实这是一种职场生存的技能，只是你没有学会而已。

3. 看淡名利

当你觉得自己没有评上优秀员工的时候，为什么不多找找自己身上的原因，也许是某一点小小的因素掩盖了你的努力。

魔力悄悄话

世界上从来就没有公平的理想国，只有幻想公平的乌托邦，人生从来就是不公平的，职场更是如此。作为一个成熟的职场人，要时时刻刻明白这一点，以平常心来面对职场中的"不平事"，逐渐改变自己的生活和工作，通向成功的彼岸。

借助忠诚化解利益的冲突

职场如战场，竞争和冲突是很正常的事，有竞争才能有进步也是硬道理。有行为，就有痕迹；有痕迹，就可以推导出经验公式，对有关方面的思路和行为模式作预测。不怕有冲突，怕的是对冲突的处理无原则、无目标、无方法。

2012 年年初时，陈雨转职到一家网络公司当企划。老板很欣赏她的资历，一开始就要她当个网站的小主管。虽然她自知自己资历不错，工作经验也够，但毕竟过去没有任职网络公司的经验，所以陈雨婉拒了老板的好意，愿意从企划做起。

周晓丽是公司的创业元老，和陈雨同年，但能力不够，工作态度也不好，已经好几年了，始终升不上去。因为陈雨一进公司的工作表现大大超过周晓丽，本来该成为陈雨部属的周晓丽，就暗地排挤她。

其实，老板知道陈雨的加入，会引发周晓丽的反感，可是想到周晓丽是公司的第一批员工，不想"处理"她。于是，老板私下找陈雨，要她"多多包涵周晓丽"。

陈雨吃了很多暗亏，但因为老板的交代，一直隐忍不发。这样的态度却让周晓丽食髓知味，认为陈雨是个好欺负的人，更加肆无忌惮。

一天，当设计部经理质疑周晓丽的企划出了大问题时，周晓丽竟然撒了个大谎，说："这是陈雨的主意，我只是照她的意思做罢了！"陈雨听到后再也忍不住了！当周晓丽回到座位，陈雨当着同事的面，将档案夹往周晓丽桌上摔去，并且很大声地说："你说谎！什么我的主意！你敢再说一次试试看！"

周晓丽没想到一向乖乖受欺负的陈雨，竟站在背后听到她的话，还发了这样大的脾气！同事一看苗头不对，赶紧报告老板。老板不怪陈雨发了脾气，却怪陈雨没有"多多包涵"周晓丽。

类似的冲突越来越多，陈雨再也无法忍耐周晓丽，但周晓丽可无所谓！可是老板需要调解冲突的次数一多，也越来越不耐烦。虽然他欣赏陈雨的工作能力，但却觉得她幼稚、脾气差。

不管火气多大，都必须保持冷静。在这个案例中，陈雨做错了一些事。面对周晓丽一开始一而再、再而三的挑衅，不管是明的、暗的，陈雨因为有老板的交代，一直隐忍不发，反而对周晓丽更客气，让周晓丽认为陈雨是个好欺负的人。这就埋下了之后的恶果。而陈雨虽然是受害者，却也成了唯一被处罚的人。

茱丽叶和赵婷希同在一个公司，分属不同的部门。有一次，她们一起参加单位的出游，两人觉得彼此很相像，年龄、资历、趣味和家庭结构，于是便成了好朋友。

从那以后，两人下班后，经常会相约一块儿逛街，给自己、给孩子、给老公买东西；有时候还会一起看电影，吃冰激凌。她们两人喜欢的东西非常一致，电影、书籍、服饰的品位均在同一档次，所以去哪里买东西、哪里吃饭，从来都没有出现过分歧。

后来，茱丽叶和赵婷希被调到了同一部门，成了合作者，要共同完成一个项目，一起追踪同一群客户，于是，友谊的维护倒成了一件略微困难的事情。

很多时候，打折买来的长裙两个人买的是同一种款式、同一种颜色的，穿到办公室来是什么情形？自己以为得意的策略，对方也想到了。两个人长处相近，短处也差不多……慢慢地，两个人的关系疏离起来。

后来，赵婷希跳槽了，莎莎成了茱丽叶的合作者。莎莎比茱丽叶小6岁，开朗、随意、时尚。茱丽叶穿的戴的虽然齐整，但与时尚无关。而莎莎是顶时髦的女郎，一年里几乎可以做到没有重复的衣裳。

茱丽叶是那种中规中矩的少妇，对莎莎这样的小女孩比较欣赏，就像欣赏一个可爱的小妹妹。至于工作上，莎莎的资历和能力当然要比茱丽叶低一个层面。

茱丽叶能够充分掌握全局，作出决定。莎莎虽然年轻时髦但还算懂事，是一个非常好的合作者。并且，茱丽叶老练，莎莎稚气，在应对客户和各类事务的时候，倒还真是各有各的长处，各自在对方的优点里开拓了自己的世界和视野。

茱丽叶和赵婷希的友谊又幸运地恢复了。她们不适合做同一个办公室的合作者，却是再好不过的朋友。

两个相似的人在没有利益冲突的时候，可能会惺惺相惜，可是在有了矛盾的时候，因为太过相似，往往冲突起来会更厉害。反过来，那个你一直看不惯的人，说不定就是因为在有的地方和你相似，你们才会磕磕碰碰的呢。

魔力悄悄话

职场上的冲突，绝大多数都是一些地盘之争，归根结底，是利益之争。有利益，就有动机；有动机，就有行为；有行为，就有痕迹……不怕有冲突，怕的是对冲突的处理无原则、无目标、无方法。职场如战场，出现一些利益冲突是很正常的事。

置于团体里考虑问题

　　有一家公司招聘管理层人员，12 名优秀应聘者从几百人中脱颖而出，闯入复试。

　　这次招聘仅有 3 个名额。复试开始后，负责人把这 12 个人随机分成甲、乙、丙、丁 4 个组。指定甲组的 3 个人去调查婴儿用品市场；乙组的 3 个人调查学生用品市场；丙组的 3 个人调查中青年用品市场；丁组的 3 个人调查老年人用品市场。

　　招聘负责人说："我们录取的员工是负责市场开发的，所以，你们应该具备对市场的敏锐观察力和对一个新工作的适应能力。现在，你们分别去办公室领取一份相关的资料。"

　　两天之后，12 个人把自己的市场分析报告送到了负责人那里，负责人一一看完之后，说："恭喜甲组，你们被本公司录取了，因为在这 4 个组中，只有甲组的 3 个人互相借用了各自的资料，补全了自己的分析报告，这正是我们公司需要的人才——具有团队合作意识的人才。"

　　在现代企业界，能否与同事友好协作，以团队利益为重，已成为现代企业招募人才的重要衡量标准。比如，一家具有国际影响力的大公司的总经理接受记者采访时被问道："贵公司在招聘员工时，最看重员工的什么素质？"

　　这个总经理回答说："我们有一套非常严格的招聘员工的标准，其中最重要的是具备团队协作精神。若一名应聘者缺乏团队协作观念，他即使是天才，我们也不会录用。因为在现代企业中，我们需要促使不同类型、不同性格的人共同努力、团结奋进，把各自的优势发挥到极致，一家企业如果缺乏团队协作精神是难以成功的。"

有人曾经亲眼看见从一个山火熊熊的坡上滚下来一个黑团，当避过山火，黑团散开，原来是一大群的蚂蚁。不能否认它们单个的力量都很小，可是它们却依靠集体的力量战胜了死亡……

大部分蚂蚁为什么可以从山火中逃出来？因为它们抱团，因为外层的蚂蚁愿意付出。

一个球队为什么可以胜利？因为他们都服从教练的战术安排，因为守门员不去争前锋的位置，后卫不去争中锋，替补队员都在等待教练的召唤，队友之间精诚合作，服从教练。懂得把团队的利益放在首位，把团队利益和个人利益联系在一起才能使两者同时实现最大化。

合作是包括人类在内的大多数生物的生存法则，因为合作之后随之而来的不仅是团队的利益，还有个人的。

盲目去追求个人利益，就像在下象棋时，明明被别人将着军了，还固执地去吃别人的马，看起来是一颗棋子立下了功劳，可是即使这样，因为自己的老巢被端了，这颗棋子和自己的兄弟姐妹再也没有了继续生存下来的意义。

马琴曾经在一家广告公司的人事部门供职，公司还有一个网站，在当时应该算是一家很大的门户型网站，为各类公司提供招聘和广告服务。

和其中的一位网站编辑闲聊时，偶然谈起马琴曾经帮助一位业务人员谈下一个全年的广告单，当然叙述中也少不了几分自豪和夸耀的情绪。这位网站编辑反应非常的强烈："我想我应该不需要你的帮忙。"当然那个时候马琴有些尴尬，可是转机就在第二天出现了。

这天，所有的销售人员都有自己的新客户需要拜访或者是旧客户需要维护，突然有一个电话打进来，要求在他们的网站上做一个全年性的招聘，可是需要了解一些问题，当然包括技术上的和一些基本的问题。

老板要求这位网站编辑去把这个广告拿下，可是这位编辑只懂得技术上的一些问题，有关广告和人事的问题他一无所知。这时他需要在人事部选择一个搭档，当时其他同事忙得团团转，只有刚刚把工作完成的马琴可以当他的搭档，当然马琴很爽快地跟他去了，可是毫无疑问，他非常尴尬。

在工作中，你有没有跟你的同事说过："我一个人可以搞定所有的事情。"如果没有，建议你永远都不要说，因为合作是在一个团队中最平常的事情，即使你和他是一对看起来完全没有可能的组合，如果你这样说了，你就是在拒绝下一次的合作机会。

魔力悄悄话

团队的利益就是你的利益。或许刚开始的时候，你觉得这句话完全是老板信口胡说出来，无非是为了让员工死心塌地地为公司工作。可是，要知道，你的年终奖红包的厚度是跟公司当年的业绩联系在一起的。维护团队的利益不但对公司有利，也会让你跟着受益。

顾全大局是忠诚的表现

当忠诚由生活态度成为工作态度时，工作对于自身的意义就不仅仅是赚钱那么简单，也就不会因为公司的规定而觉得自己的自由受到了羁绊，更不会做出违背公司利益的事。

能够维护公司利益的员工都具有强烈的荣誉感。员工是企业的代言人，员工的形象在某种程度上就代表了企业的形象。员工在任何时候都不能做有损企业形象的事情，这也是一个员工最基本的职业准则。就像你不愿意让别人伤害你的形象一样，你也不容许别人伤害你自己企业的形象。

有荣誉感的员工，他们会顾全大局，以公司利益为重，绝不会为个人的私利而损害公司的整体利益，甚至不惜牺牲自己的利益。他们知道，只有公司强大了，自己才能有更大的发展。事实上，有这样想法的员工才有可能被真正地委以重任。

很多时候，有集体荣誉感的员工才真正知道自己需要什么，企业需要什么；没有集体荣誉感的员工是不会成为一名优秀员工的，对此我深信不疑。具有集体荣誉意识的人，在任何一个团队中都会受欢迎。

一个年轻人应聘到"安联电工"公司做推销员，由于家境很不好，他很珍惜这次工作机会，很热爱公司。年轻人每次出差住旅馆的时候，都会在自己的姓名后面加上一个括号，写上"安联电工" 4 个字，在平时的书信和收据上也这样写，天天如此，年年如此。

"安联电工"的签名一直伴随着他，年轻人的这种做法引起了同事们的注意，于是就送了他一个"安联电工"的绰号，而他的真名却渐渐被人们淡忘了。后来，年轻人逐步被提升为组长、部长、副总，直至成了"安联电工"公司的总经理。

如果年轻人没有一种以"安联电工"为荣的荣誉感，他能表现得这样尽职尽责吗？成绩可以创造荣誉，荣誉可以让你获得更大的成绩。一个没有荣誉感的员工，是很难成为积极进取、自动自发地员工的。如果不能认识到荣誉的重要性，不能认识到荣誉对你自己、对你的工作、对你的公司意味着什么，又怎么能为公司争取荣誉、创造荣誉呢？

事实上，只要我们尽职尽责、努力工作，工作同样会赋予我们荣誉。争取荣誉、创造荣誉、捍卫荣誉、保持荣誉的过程中，我们个人也不知不觉地融入集体之中，获得更好的发展。

"维护公司利益"从细处讲就是要求员工尽职尽责，要求热爱本职工作，对客户负责，有强烈的责任感，能充分承担本职工作的经济责任、社会责任和道德责任，不做任何与履行职责相悖的事，不能做那些有损于企业形象和企业信誉的事。那些不能很好地履行工作职能、自由散漫、随便许诺的语言和行为，都不符合企业员工的工作规范。

在科略公司有位客服经理叫钟富成，他平时工作非常认真，对待客户也是非常负责。

2012 年 8 月，成都公开课的前一天，客服们都在迎接客户。有一位从焦作来的客户，计划坐飞机晚上 12 点钟到成都，可是却一直迟迟未到。

这位客户正好是钟富成联系的，为了等待客户，虽然时间已经过了12 点了，他依然没有去休息。功夫不负有心人，终于在凌晨两点的时候，客户打电话过来说："到机场了，飞机晚点了。"

钟富成接到电话之后，二话没说，急忙与两位老师开着车去机场接客户。此时的成都正值初秋，寒风夹着沥沥小雨，不免有些寒意。接到客户之后急着往回赶，由于天黑，路况不好，快到酒店时没想到和一辆对面开来的车相撞了。

从昏迷中醒过来的钟富成，不顾自己的伤痛，立刻打电话给"120"抢救客户。所有的事情都办妥后，他才发现自己的头部也擦出了一道口子。

在客户住院期间，钟富成对这名客户进行了细心的照顾。期间，科略公司的董事长及领导们也相继来看望这位客户，并主动提出赔偿，这令客户十分感动。

客户很快就康复出院，回去之后，公司便收到了这位客户寄来的感谢信。信中，不仅对钟富成的付出和照顾表示了感谢，还称赞科略培养出了如此优秀的员工；并表示，科略公司今后的培训，他一定还来参加，他说："因为我终于找到了一家真正敬畏客户、真正对客户负责的合作伙伴。"

任何企业都有一个属于自己的独特形象：或卓越优异，或平凡普通；或真善美，或假恶丑；或美名远扬，或默默无闻……良好的企业形象可以使企业在市场竞争中处于有利地位，受益无穷；而平庸乃至恶劣的企业形象无疑会使企业在生产经营中举步维艰，贻害无穷。

企业形象不仅靠企业各项硬件设施建设和软件条件开发，更要靠每一位员工从自身做起，塑造良好的自身形象。

因为，员工的一言一行直接影响企业的外在形象，员工的综合素质就是企业形象的一种表现形式。

员工走出公司的一举一动，无不在外人的眼中影响着企业的形象，员工的形象也就是企业的形象。特别是在客户的眼里，员工给客户自信的感觉犹如企业给客户有实力的感觉，员工的谈吐影响着企业的信誉。

如果员工在与客户沟通的时候满口脏话，客户对这个员工所讲的话就会产生怀疑，同时客户可能对企业也有看法。但是如果员工出来维护企业的形象，则能抹去过去给客户留下的不良印象。

作为企业的一名员工，不管走到哪里，始终都要记得自己是什么企业的员工，记得维护公司的形象，这是作为公司员工的基本职业道德。如果四处诽谤企业，挖空心思讽刺企业的管理人员，这不仅显得该员工素质低下，更证明了该员工眼光太差。如此不值一提的企业，试问你怎么选择了这种企业就业？

只有企业发展了，员工的工资待遇才能更上一层楼；只有企业的社会声誉提高了，员工走在大街时才会有一种荣誉感。身为企业员工要时时关心企业发展，处处维护企业形象。一个员工如果没有维护企业形象的意识，他肯定是一名不合格的员工！

魔力悄悄话

一个忠诚的员工一定是维护公司利益的。毫无疑问，一个公司更倾向于选择时刻维护公司利益的员工，即使其能力在某些方面稍微欠缺一些。一个员工固然需要精明能干，但再有能力的员工，不以公司利益为重仍然不能算一个忠诚的员工。

要忠诚于自己的团体

事实证明，懂得团结协作，善于虚心学习的新人，才能在职场中成长得更快。

李磊毕业于一所名校，应聘到一家公司市场部就职。由于有扎实的专业知识、大公司里积累的工作经验，大方开朗的他深得领导青睐。

一次，公司在内部广征市场拓展方案，经理在分配任务时提醒说："作为尝试，李磊等几名'后起之秀'，可以每人单独完成一份，也可以合作完成一份。"

凭借着在大公司工作的经验，以及对市场行情的自身把握，李磊决定单挑。他花了整整一个星期时间，细斟慢酌，搞定了"大作"。

报告上呈后，经理的评价出乎他意料之外："缺少了本地化的东西，操作性不强。不过，你的宏观视野很开阔。"

之后，经理把几名"后起之秀"叫到一起，让他们分别揣摩彼此的方案。在经理的"撮合"下，他们将各自方案中的亮点进行了提炼和重构，结果新方案被老总评优，列为备选的最终方案之一。想着自己能与资深员工"并驾齐驱"，他们甭提多高兴了。

事后，经理指出，他之所以给出提醒，就是想让这几名年轻人能够合作，取长补短。不料，他们竟然都选择了单兵作战。李磊总结这件"策划否决案"时，不由得感慨："想要尽快成长，还是得注重协作和请教，否则，欲速则不达呀。"

在这个竞争的时代，集体主义比个人主义更有效，公司的成功依赖更多的是团队的力量。尽管每个人所处的岗位不同，性格也各不相同，但需要明确的是，有一点是共同的，那就是为实现公司的整体目标而团结一致，共同奋斗。

任何公司的发展和壮大，都依赖员工的有效合作。当个人利益与团队利益发生冲突时，应以大局为重，而不是以自我为中心。

保罗·盖蒂曾经说过："我宁要 100 个人的 1%，不要一个人的 100%。"因为他知道，一个人的 100% 永远比不上 100 个人的 1%。三个臭皮匠，还能顶得上一个诸葛亮，100 个人的 1%，自然会有难以想象的力量，又岂是一个人的 100% 所能比拟的？所以，要抛开个人，融入团队，依靠团队才能得到更大的发展。

职场中，有的员工尽管很优秀，但难免有一些"英雄主义"的倾向。虽然在很多关键时刻，"英雄主义"发挥着至关重要的作用，它可以使公司顺利渡过难关，可以激励全体员工士气，甚至可以从乱军之中取上将首级。

可是单凭几个"英雄"仍然无法赢取整场战争的胜利。商业战争就像球场上的对决一般，足球运动靠的是全队的配合，大牌球星虽然能帮助球队扭转局势，可是球场上的常胜将军仍然是配合最好的球队。

"英雄主义"极易引发"个人主义"的不良作风，即不顾公司整体利益，只顾个人的功劳大小，无视他人的配合协作，一味地追求自我，瞧不起任何人，这种恶劣的风气一定不会走得长远。

周亮是一位能力很强的员工，在一次与客户的谈判中表现突出，为公司创造了良好的效益，并受到总经理的高度赞扬。这次谈判周亮感觉自己能力超群，总经理的赞扬使他觉得自己非同一般。

在日常工作中，周亮开始不和同事们交往、沟通，摆出一副自高自大、目中无人的样子，在公司里独来独往。周亮的态度使得同事们渐渐疏远了他，谁都不愿意与他合作。于是，他成了被孤立的人，在许多事情上都陷入极其尴尬的境地。

后来，由于周亮的决定失误给公司造成了巨大的损失。同事们的讥笑、总经理的恼怒，使他无法再继续待下去，他很不体面地自行辞职离开了公司。

公司就是一个团体，团体的发展不是靠个人，而是靠每一个人的力量。当无视他人力量存在时，"英雄主义"是一件很可怕的事情，因为，从公司长远发展来看，"英雄主义"只能胜一时，团队的力量才会胜一世。所以，相信团队，依靠团队，不断打造团队的力量，才是最终胜利的法宝。

对于一个团队而言，如果团队成员只考虑自己的工作，而不去关心别人，就很可能会出现问题。特别是对于流水线生产，每一个工序的员工都是彼此联系在一起的，彼此之间必须保持高度的协作精神，才能生产出高质量的产品。如果一个工序出现了问题，就有可能导致整条流水线出现问题，对于一个企业而言，这样的损失肯定是巨大的。

团队时代，个人英雄主义已经不适用，所以，摒弃个人主义吧，把自己融入团队，真诚合作，真心奉献，团队的成功也就是你的成功。

魔力悄悄话

我们所处的这个时代是一个合作时代，一个团队时代。因而，离开了公司，你也就失去了自己。要让自己很好地与团队融为一体，首先就一定要摒弃个人主义，抛开"独行侠"的思想，要和"狂妄""自视清高""刚愎自用"坚决作别。

只有忠诚地合作，才能融入团队

团队的组成不是一个人，如何融入团队，和其他成员共同努力、精诚协助是件看起来很容易的事情，可事实却大相径庭。团队，除了要依靠卓越的领导者，每个成员都是使团队不断融合不可或缺的一分子。

兰海大学毕业后留在了上海。一家广告公司招工的时候，兰海通过笔试和面试后被留了下来。试用期间，总经理对他们同时应聘的 5 个人说："试用期满，将在你们中间选一名业务主管。"听了总经理的话，兰海更是雄心勃勃，发誓要当上业务主管！

可是，要想当上业务主管就必须战胜 4 个同事。兰海想，短短的 3 个月里要凸显自己的业绩仅靠埋头苦干是不行的，我必须凭借聪明才智，苦干加巧干。

此后，兰海便开始利用网络的优势进入广告设计网博览别人的设计创意并频频跟网络设计高手交流。兰海想，这样正当的学习，其他的 4 个同事同样能做到，如果是在同一起跑线上公平竞争，我的优势不一定能凸显出来。

为了确保自己能超过他们，兰海开始"不耻下问"地向 4 个同事学习，而他们向兰海请教问题的时候，兰海每次都把自己独特的见解藏起来，只说一些能在网上查询到的观点。

当然，兰海所做的一切都很隐蔽，他不会傻到为了打败他们而把他们的材料藏起来，也不会在私下里对他们发起人身攻击。兰海常常自我安慰：我并没有伤害他们，我只是努力提高自己而已。

试用期满，兰海的业绩果然比其他 4 个人突出。兰海想，业务主管一职肯定非我莫属。可是，总经理的决定却让兰海大跌眼镜：兰海不仅没能当上业务主管，还被公司淘汰了！

面对总经理的决定，兰海质问他为什么。总经理平和地说："我们公司之所以能有今天，主要靠的是团队合作精神，因此，在我们公司，能跟同事共同提高的人才是最理想的人选。"

原来，总经理对兰海的所作所为明察秋毫！兰海离开公司的时候，总经理吩咐财务处多给结算了一个月的工资，还拍着他的肩膀语重心长地说："记住，跟同事共同提高比只向同事学习更受欢迎。"

真正的团队合作必须以别人心甘情愿与你合作为基础，而你也应该表现出你的合作动机，并对合作关系的任何变化抱着积极的态度。团队合作是一种永无止境的过程，虽然合作的成败取决于各成员的态度，可是，维系成员之间的合作关系却是你责无旁贷的工作。

每个团队成员都是不可或缺的，而且每一个团队成员都要具有团队合作的意识。无论你自身能力多强大，团队少了你依然会继续运行，所以不要妄自尊大。

1. 做好自己的事情

团队合作中，最起码的就是把自己的事情做好。团队的任务都是有分工的，分配给自己的任务就要按时做好。只有这样，你才能不给别人带来麻烦；也只有在这个前提下，你才能去帮助其他成员，否则你就有些轻重不分了。

2. 信任你的伙伴

既是团队成员，就要相信自己的伙伴，相信他们能够与你协调一致，椥信他们会理解你、支持你。一个团队只有在信任的氛围中才可能有高效的工作。如果大家相互猜忌、互不信任，那么分工就不可能，因为总有一些任务依赖于别的同事；同时，猜忌的气氛让每一个人都不能全心投入到工作中去，也不利于成员们工作能力的发挥。

3. 为他人着想

不要事事都从自己的角度考虑。如果有任何问题，先从别人的角度想一想，看看怎样能让他人更加方便。这样的人在团队当中会很受欢迎，同时也更有亲和力，而亲和力对于团队合作来说是很重要的。

4. 愿意多付出

付出并不是什么坏事。多做一些，可以让团队的工作进展更快，你也得到更多的好评，能力上也有提高，何乐而不为呢？当然也不是付出得越多越好，如果所有的事都让你自己做了，其他的人一定会有意见的。

魔力悄悄话

随着市场竞争的日益激烈，企业更加强调团队精神，建立群体共识，以达到更高的工作效率。特别是遇到大型项目时，想凭借一己之力去取得卓越的成果，可能非常困难。今天，单打独斗的时代已经结束了，取而代之的是团队合作！团队合作，就是竞争力。

放下偏见，对人忠诚

上司和下属在人格上是平等的。如果自己没有做错，却一味顺从上司的批评，对自身的发展是不利的。如果平时你对上司的评价较高，就不要因为在一件小事上受了委屈就对上司不满，甚至耿耿于怀。要做好准备积极主动地去沟通，如主动给上司发邮件，到上司的办公室去找他或者约他喝杯咖啡。沟通的时候要实事求是、对事不对人，并尽量运用微笑和幽默，就很可能实现双赢结局。

这天，一份由上司主导完成、李翔参与准备工作的策划方案出现了重大的错误，引起了客户的强烈不满，公司的老总非常生气。事发之后，上司主动去找老板谈了话，随后又请李翔去喝咖啡。

上司告诉李翔："我已经向老板承认错误了，老板知道，你也参与了准备工作，你最好明天一早主动去向老板承认自己的不足，表现得积极诚恳一点，能在老板那里扳回印象分。"

李翔非常感动，觉得自己遇上了事事护着自己的好上司。可是，第二天一早，还没等李翔去找老板，老板就找到他狠批了一顿。

从老板的批评里，李翔知道，上司将所有的责任都推到了自己的身上。李翔感到委屈极了，但事情已经这样了，在老板面前争辩反而会越描越黑，只会让老板更加生气。于是，李翔主动且诚恳地向老板承认了自己的错误，并向老板保证，自己一定会把这件事情圆满地解决好。

从老板那里回来后，李翔先去了客户那里，在跟客户诚恳地道歉之后又得到了一个改正错误的机会。在接下来的几天中，李翔加班加点，广泛地收集资料并做了深入的研究，最终不仅弥补了上次上司所犯的错误，还给了客户一个十分满意的策划方案。

老板对李翔刮目相看，特别是在了解了事件的原委后，更是对李翔欣赏有加，破格提升他做了策划总监。

很显然，上司在"向老板承认错误"时把主要的责任都推到了李翔身上，自己只是承担了管理不足的小罪名。面对这种情况，李翔化愤怒为力量，变斗争为忍耐，在老板面前为自己争取到了表现的机会，因此而迎来了无比光明的职业坦途。

其实，职场中类似的事件时有发生，"坏上司"经常会利用汇报关系中的不透明将责任全部都推给自己的下属，而下属往往会被蒙在鼓里。

身在职场，当你碰到类似的事情时，一定要学会冷静，有时候也不妨像李翔一样，低调一点，先把这个黑锅给背下来，把握住与老板对话的为数不多的机会。老板也不傻，怒气过去之时，他自然会分析并了解事情的原委，很多的陷阱和谣言将会不攻自破，老板自会还你以公道。

赵大国在外企工作两年了，因为专业对口，再加上工作认真，上司对他比较器重。可是，前不久在与外商的一次谈判中，由于"第三者"的缘故，发生了一些不愉快的事情。

事后，上司不问青红皂白对赵大国大发雷霆……赵大国对他的做法非常不满，他是应该顺从上司的批评还是应该跟他沟通呢？

化解不满的根本出发点有两个，一个是事实，另一个是人格平等。上司和下属在人格上是平等的。如果自己没有做错，却一味顺从上司的批评，对自身的发展是不利的。如果上司的不满是由于下属工作没做好，那么勇敢地承认并作出一定承诺，会重新赢得上司的信任。如果不满是由于误会，那么准确有效的澄清是必要的。

化解不满的原则是尊重上司的权威。作为下属，如果完全不顾上司的权威，追求绝对的公平公正或者逞一时英雄，那等于是破坏了团队的运作。因此，不要公开顶撞上司，不要让上司下不来台，尽量争取平静理智的沟通。

　　对上司的认识不要因情绪化而片面化。上司也是人，肯定优点缺点都有。有的上司很挑剔但勇于承担责任，有的上司脾气不好能力却很强，如此等等不一而足。尽可能全面客观地去看上司，就不会做出不理智的举动了。

魔力悄悄话

　　在现实的工作之中，我们经常会碰到这样的人：他们总是在不停地抱怨自己的命运不好，碰到了"坏上司"。那么，面对这种情况，我们该怎么做呢？最好的办法就是放下偏见，审时度势。如果你因为气不过，与"坏上司"大力对抗的话，于事无补，要学会欣赏自己的上司。

任何人都不应该影响你的忠诚度

王鹏刚毕业于某重点本科学校，他的直接领导只有专科文凭，比王鹏早毕业两年，是从王鹏这个职位刚刚升上去的。

从一开始，王鹏就觉得郁闷，自己堂堂重点大学本科生，居然要听一个和自己年龄相仿的专科生吆五喝六的。

工作一个星期后，王鹏更是觉得这个上司不如自己了。好多事情他根本就没有主见，还要跑来问自己。有的时候跑过来"指导"工作，云里雾里地说了一大堆，也不明白他在说什么。可如果出了差错，他不说自己能力不够，却把所有责任都推到王鹏身上，还说是王鹏糟蹋了他的创意。和他讲又说不通，只能事事都按他说的办，能力根本无从发挥。

工作两个星期后，王鹏感觉自己的层次明显下降。人都说："将熊熊一窝"，真是这样，自己在这样一个没有能力、没有层次的上司手下做事，能力无法发挥出来，层次自然就降低了。有时候自己的工作做得出色，他就嫉贤妒能，把一大堆的事情都推给了自己。为了避免被打压，王鹏开始学会夹着尾巴做人，工作的时候出工不出力。

很多人会认为上司能力不如自己，尤其是刚刚进入职场的新人。新人在刚进入一家公司以后，很容易用审视的目光去看待公司、上司以及自己的工作。而由于理论知识和现实应用是有所区别的，并且理论比现实看起来更完美，于是新人所审视的一切都是缺憾甚至是丑陋的。由此，新人很容易认为自己的上司在能力上是不如自己的。

王鹏刚刚加入公司两个星期就给自己的上司贴了"能力低"的标签。无论上司能力高低与否，王鹏首先就犯了错误。刚刚加入一个公司，对新人事、新环境还没有认识清楚，就盲目地下判断显然是不可取的。

公司是一个利益纠葛的地方，公司把某个人安排在某个岗位上一定是根据他所能创造的价值来确定的。因此，既然这个人能在比自己高的位置上，说明公司对他的价值是认可的。一定是有些东西上司具有而自己不具有的。例如人际关系，这就是一种资源，每个部门都需要有。销售部门要有客户资源，品牌部门要有媒体资源等。这些资源是隐性的，是不是自己还没有发现呢？

不是所有人都能遇上个令自己心服口服的上司。人生来就不一样，这是铁打的事实。有人性急脾气大，有人办事慢吞吞，有人聪明得天下无敌，有人谦卑得总说"对对对"。如果你碰上对脾气的上司，那真是福气；如果没有碰上，那是常规。所以，在工作中，最重要的是怎样和上司相处，这不仅关系到你目前做这个职位的成功与否，还将涉及你下一个职位的前途。

如果你的上司很聪明很拼命，那你只好多干活多出汗，别无选择；要是你跟不上老板的快节奏，那只好早日另攀他枝，不要等到老板来找你谈话。

如果老板十分随和，但就是不出成果，根本没你能干，你或者老老实实多陪他聊天，时不时拿点东西让他向上汇报，等他哪天开恩把你提拔上去；要是你上进心很强，不愿陪上司浪费宝贵的"革命"青春，那就悄悄地时刻准备着，选好新老板开溜。

与老板怄气是愚蠢的，不要嫌弃、抱怨上司，因为，是老板总有闪光的地方。职场比拼的是综合素质，而不是专能，或许老板在很多方面不如你，但毕竟也只是某些方面而已。老板抓的是全局，何必做到样样精通。即使在一个部门中，你也不可能完全熟悉每一个流程和环节。

"尺有所短，寸有所长"。你的功夫多半比不上他的一技之长，或者他的综合素质胜你一筹，至少你的经验阅历略逊他几分。

如果你的能力确实超过上司，你又不想炒掉他，此时你就有必要装装糊涂了。因为上司多半是有疑心病的——在他们漫长的职业生涯中，难免有一些人会背叛他，或是得了他的好处却不知报答，久而久之，他们对别人都不太敢推心置腹了。

一般来说，上司只会提拔能力比自己低的属下。一旦发现下属的能力可能高于自己时，立刻会显得坐立不安，还会对下属施加压力。因此，当你的才能高于上司时，不可过于锋芒毕露，以免引发上司的猜忌之心。

更不要把不高兴放在脸上，因为那会影响到别人，也可能会给别人以可乘之机，他们会说闲话："瞧，那个部门主管实在不怎么样，连他们自己部门的人都不服气。"不但给了人家把柄，对自己的团队也有坏影响——哪天公司有了重要任务，老板哪敢把这个活儿交给压不住下属的你的上司呢？

"千里马常有，而伯乐不常有"，上司对你不满意，可以行使权力炒你的鱿鱼；你对上司不感冒，当然也能炒他，但你为此付出的代价或许要大得多。

魔力悄悄话

不是所有人都能遇上个令自己心服口服的上司。人生来就不一样，这是铁打的事实。如果你碰上了能力超强的上司，那真是福气；如果没有碰上，那是常规。所以，在工作中，要抓住机会，争取更大的成绩。

跳槽没想象的那么好，忠诚才是王道

大学毕业后，张希应聘到一家成立不久的文化公司从事展销业务。展销经济是一个新的经济增长点，未来的市场前景很好，在这一行里工作本来是前途非常光明的。然而，由于这家公司刚刚创建，业务不是很多，张希的工资也不是很高，月薪只有2000元，比她当年同一期毕业的朋友们要少很多。

收入上的巨大差距让张希的心理十分不平衡，她认为这家公司的发展空间太小，于是私下里开始寻找更好的工作。最终，张希如愿以偿地找到了一份新的工作。可是，一年后那家文化公司抓住机遇，迅猛发展，当初没有跳槽的同事工资都拿到了8000元，而张希新的工作月薪只有3000元。

很多想着跳槽的员工，他们在自己原来的工作岗位上并没有做出多大的成绩。这些人天天想着跳槽，无非是嫌自己现在的薪水过少，认为公司没有认识到他们的价值。然而，这些人却没有想过为什么自己只能拿着低工资，他们从来不去找工作上的原因，只是不断地埋怨公司没有重视他们。这种员工认识不到自身存在的问题，即使去了新公司也不会有更好的发展。

在面试应聘者的时候，很多招聘者都会习惯性地问这样一句话："能告知一下你离开上家工作单位的真实原因吗？"很多年轻气盛的人就会这样回答：在原来的单位遭受了同事（或上司）的误解，不愿受委屈而离职；原公司工资低，不想干了……

职场比不上在家里，在单位受了一点点委屈、工资有点低，就想不开、闹情绪，最终辞职不干，对于这类人，我们钦佩他的傲气，却并不认同他的做法。那么，应该如何做才是正确的呢？

一位朋友曾经说过这样一句话："大学毕业头 3 年，学艺未精，只能看老板脸色，这并不丢脸；有本事的人，3 年后成为团队里不可或缺的骨干，让老板看你脸色。如果多年无所长进，那就一辈子看老板脸色，不要怨天尤人。"多么经典的回答！

6 年前，高程刚从生产线上转做销售，负责一个地级区域市场。高程突然发现，大学课堂上学到的知识在激烈的市场竞争中往往并不切合实际，不仅不够用，而且也不管用。由于市场调查存在偏差，致使成功销售率很低，货款回笼遇到很多问题，因此高程拿不到提成，还会受到很多的责罚。

那时候，不论寒暑，高程都自觉把领带系在颈子上。慢慢地，成功的单子签了一张又一张，遭老板训斥的次数越来越少。3 年过后，高程已经成为集团的商贸部副经理，负责整个西南地区的商贸业务。

直到今天，高程已经由副升正，负责全国的商贸业务，在集团里举足轻重，并时常有国内知名公司邀其加盟。老板见到他时，不会说一句重话，话语间多了从未有过的客气和尊重。

老板不能不客气，因为现在高程已经是个"有本事的人"。高程的确可以扬眉吐气了，不再轻易受委屈，因为他有了让老板尊重他的骄人业绩，有了反过来让老板看他"阴晴圆缺"的资本。

俗话说得好，会受气的人受一时的气，不会受气的人受一辈子的气；奋进的人忍受一时的工资低，不懂学习的人一辈子工资低。业界的前辈曾经总结过一个小小的规律，企业员工离职的"高发期"主要有两道"槛"。

第一道"槛"是新员工加入 3~6 个月的时候。

这时候，他们对企业尚处于适应和观望的状态。这时候，如果发现自身性格、能力与企业的要求存在差距，或者发现企业的实际运作尤其是薪资、福利状况与自己对企业的期望存在差距，特别是在工作中遇到一点小挫折、受到一点小责罚，就很可能受不了委屈，负气跳槽。

第二道"槛"是当员工在一家企业服务两年左右的时间后。

这时候，他们对本职工作已经相当熟悉，急欲寻求突破和提升，但现实的情况并不总是尽遂人意，如果察觉上司对其工作并无充分肯定、尊重之意，极端的反应可能就会是——痛恨老板没有眼光，但又自忖遇人不淑，不愿在此屈从，一口气咽不下去，遂以辞职来抗争。

跳槽没有想象的那样好！受了委屈，就要辞职吗？工资低，就要辞职吗？辞职了，果真就有效吗？

魔力悄悄话

职场中受了委屈就辞职是很不明智的！刚进入职场，少说多做，吃点亏不算什么，至少你看到了同事的某方面不足，以后在工作中肯定会注意。不管到了哪里，都要和其他人打交道，跳槽并没有想象中的好！

积极面对问题是忠诚的表现

职场积聚着能量，并不能简单地用职业能力、经验来概括，它还包括了职场人在职场中所积淀的精神、气质、眼光、胸怀、直觉等无法用能力、经验来代替的东西。遇到问题的时候，最好的办法就是积极应对。

职场中人，或是因为事情烦琐，或同事之间的竞争与矛盾等，经常会出现一些心理问题。时间长了，有人就以为自己患了心理疾病。其实，有些心理问题完全不必担心，也不必紧张到有点困惑就扣上心理疾病的帽子。

有人说："我想的事情太多了，脑子里每天都是一团糟。"其实，想得过多是再正常不过的事情，你可以经常问自己："这个真的很重要吗？需要我花那么多精力吗？"这种练习会让你逐渐清醒。

有人说："我担心其他人对我有看法。"其实，评估和留意其他人对自己的看法是一件好事，并不需要我们为此耗费太多的精力。

有人说："我很容易心烦意乱，情绪就像过山车。"可是，这并不意味着你患有注意力不集中症，你可能只是需要休息。

有人说："我总是失眠，想着第二天的事情。"事实上，大部分人都会时不时地失眠。在睡觉前，只要花点时间为明天做个计划，就不必躺在床上胡思乱想了。

有人说："当我有点头疼，我就担忧是否身体出了问题。"这时候，要注意自己的生理感觉，没必要因为一点疼痛就匆忙跑去急诊室。

有人说："我极度缺乏自信，每天都过得很压抑。"不可否认，工作和生活有时让会我们难以应付，可是只要对自己多一点自信，专注做好你的每件事就可以了。

忠诚力——三顾频烦天下计

所以，在职场中，我们都应该有一颗积极的心，要用崭新的姿态、广阔的胸怀来挑战职场中的事情，从而建立十足的信念，专注做好每一件事情！

魔力悄悄话

有些人遇到问题的时候，不会积极应对，只是消极逃避，甚至总把"我不干了"挂在嘴上。这样的心态是不可取的。职场中，任何一个人都会遇到问题，只有积极应对才是聪明之举；一味地逃避，何时才能出头？又何来忠诚？

"裸辞" 是不忠诚的表现

年前，在外贸公司工作的李建拿到年终奖后，潇洒地递上了辞职信。李建本来希望年后能到新公司重新开始，可是事与愿违。他虽然接连参加了几次招聘会，可是依然求职无果，李建不得不再次加入浩浩荡荡的求职大军。

李建发现，身边有几个朋友也跟他一样，在年前辞职了，本想过年后找个更好的工作，没承想却彻底地"放大假"了。

"裸辞"，是今天职场中的一个流行词，而且资料显示"裸辞族"的队伍还在越来越壮大。有些人是因为工作压力大，有些人是因为福利待遇低，有些人是因为发展空间小，有些人是因为人际关系处理不好……调查发现，年前冲动"裸辞"，节后费劲求职，这是最近职场上出现的新现象。

郭华大学毕业后应聘到在一家婚庆公司做文职，已经有两年的时间了，属北漂一族。郭华不满足于自己的现状：工资太低，工作无聊，自己已经与外界隔绝，看不到未来……想找一份具有挑战性的工作，即使累一些、压力大一些也无所谓。

可是，要找到这样一份实现自我抱负的工作，对于一个外地普通高校毕业学生来说，还是有一定困难的。最后，郭华选择了裸辞，准备开春在北京一心一意投入找工作。

今天，像郭华这样选择裸辞的年轻人越来越多，特别是在北京、上海、广州这样的一线城市，裸辞现象与日俱增。有些是因为工作太枯燥、不能实现抱负；有些是对薪酬福利和发展空间不满意；有些是因为压力太大、身心俱疲，想暂时先给自己放个假；有些是因为人际关系处理不善，与同事有冲突；还有一些职场新人一时无法适应工作就想一走了之，等等。

调查显示，超过 80% 的被调查者有过裸辞的念头。越来越多的职场人士开始关注自己心灵深处的快乐和追求，而不只局限于薪水、职位等因素，这是有利的一面；但另一方面，裸辞如果处理不当，也会带来消极的一面，如不能重新就业、反复的跳槽会造成较高的时间成本和生活成本等。

对于一些人想通过裸辞来调节情绪、逃避工作中遇到的难题的做法，辞职并不是一种好的方法，在哪里工作都会遇到各种问题，想办法在工作中解决才是王道。而且，跳槽并非不可以，但裸辞不该成为首选，在辞职之前首先得保证你能顺利再次就业。

从目前来说，就业难仍然是社会关注的一个热点话题。因此，裸辞需慎重，要理性对待，否则就可能成为一场职业裸奔。如果你想辞职，就要冷静、理性地分析一下情况，这样才能作出理智的决定。

1. 工作再痛苦，也要先做好梳理

不可否认，"裸辞"一身轻。可是在"裸辞"之前，最好还是为之前的工作经历做一个回顾和检讨。即使有些不愉快的经历，也是你追根溯源寻找问题原因的好机会。多从自己的身上发现问题，总结得失，形成经验，避免在之后的工作中再出现类似问题。这对你的职业发展来说是难得的成长契机。

2. 做好下一次的求职计划

根据前面的思考和总结，详细做一番职业规划。事实证明，有据可循的发展一定比毫无目标的"乱撞"来得有效率。如果感觉之前的工作不适合自己，千万不要瞎猜，为了防止再次出现"恶性循环"，最好问问职业规划师的意见，比起你自己胡思乱想，这个方法会更直接更有效。

3. 珍惜调整机会，有计划有规划地享受"裸辞"

"裸辞"只是暂时逃避压力的方法，对于绝大多数白领来说，最终还是要回归职场。因此，当自己情绪激动时，尽量不要因为冲动而作出重大决定。冲动是魔鬼，"裸辞"前一定要先做规划，三思而后行。

魔力悄悄话

每到年前，很多年轻人都会为了在年后找个更好的工作，冲动之下选择了辞职。可是，怎料到，节后求职更费劲！有些人甚至找工作遇到困难，只好将就就业。职业需要规划，并不是冲动就能解决问题的。辞职前，要做好承担后果的充分准备，不可轻率为之。

第四章
打造自己的忠诚度

忠诚是爱情的桥梁,欺诈是友谊的敌人。

——维吾尔族

忠诚敦厚,人之根基也。

——清·魏裔介

忠诚的高尚和可敬,无与伦比。

——埃勒里

与恋爱相同,忠诚也会有被肚子左右的时候。

——茨威格

一片忠诚是长寿之本,满怀善良是快乐之源。

——佚名

忠诚需要把自己变强大

　　每一个人都有自己独特的东西，在不同的环境里形成了不同的个性、长处，不管什么情况，积极的心态是战胜命运的有力武器。有人能发挥潜能，能获得职业提升和发展，能获得事业成功，是因为他能始终保持积极的心态，这就是成败的差异。人生是好是坏，并不是由命运来决定的，而是由心态决定的，我们可以用积极心态看事情，也可以用消极心态。但积极的心态激发潜能，消极的心态抑制潜能。

　　有个名叫斯蒂文的美国人，一次意外导致双腿无法行走，已经依靠轮椅生活了 20 年。他觉得自己的人生失去了意义，每天依赖喝酒打发时间。有一天，斯蒂文从酒馆出来，照常坐轮椅回家，却碰上三个劫匪要抢他的钱包。斯蒂文拼命呐喊、拼命反抗，被逼急了的劫匪竟然放火烧他的轮椅。轮椅很快燃烧起来，求生的欲望让斯蒂文忘记了自己的双腿不能行走，他立即从轮椅上站起来，一口气跑了一条街。事情过去之后，斯蒂文说："如果当时我不逃，一定会被烧伤，甚至被烧死。当时，我忘了一切，一跃而起，拼命逃走。当我终于停下脚步后，才发现自己竟然会走了。"现在，斯蒂文已经找到了一份工作，他身体健康，与正常人一样行走，并到处旅游。

　　一双 20 年来无法动弹的腿，竟然于危在旦夕的关头站了起来。这不禁让我们产生疑问：到底是什么因素使斯蒂文产生这种"超常力量"的呢？显然，这并不仅仅是身体的本能反应，它还涉及人的内在精神在关键时刻所爆发出的巨大力量。

著名作家柯林·威尔森曾用富有激情的笔调写道："在我们的潜意识中，在靠近日常生活意识的表层的地方，有一种'过剩能量储藏箱'，存放着准备使用的能量，就好像存放在银行里个人账户中的钱一样，在我们需要使用的时候，就可以派上用场。"

一般来说，人在承受意料之外的重压时，都会产生极度紧张的情绪。当情绪处于高度应激状态时，激活水平会快速发生变化，大脑皮层的某些区域会出现高度兴奋。在这种情况下，人们可能急中生智，表现出平时没有的智力或能力，做出平时不能做出的勇敢行为，发挥出巨大的潜能，促使事情发生意想不到的转变。

现在已经是十几家服装连锁店老板的周晓丽便是一个超越压力而发挥潜能的典型。

十几年前，周晓丽从单位下岗了。那时，她已经离异两年了，独自带着两个孩子生活。周晓丽没有其他经济来源。加之她既未受过正式教育，又没有谋生技能，危机降临到周晓丽的头上。更可怜的是，在下岗决定试着创业后，她却因为上当，被骗走了所有的积蓄。周晓丽上街当起了擦鞋女，靠替人擦鞋赚取少得可怜的收入。在所有人看来，她的境遇够悲惨的了。可是，周晓丽却没有因此放弃希望。

有一天，周晓丽去市场选购服装，发现适合中年女性穿着的服装只有少得可怜的几种尺码，花色也非常呆板。周晓丽得知，大量的服装是由外地一家服装厂制造的，样式千篇一律，做工粗糙，一点也不能表现出中年女性的美感。危机中的周晓丽马上意识到这一发现的价值，她决定改良服装，满足中年女性的多样需求。

于是，周晓丽便开始在家里为有需要的中年女性改缝她设计的衣服。由于改缝的衣服美观、实用且有特殊的风格，因而立即受到了顾客的欢迎，周晓丽的生意也就越做越大。后来，周晓丽创办了自己的服装厂，专门为中年女性生产各种样式的服装。后来，周晓丽还开起了服装店，并且很快就到省城开了连锁店，公司不断扩大。

周晓丽在压力中产生的灵感不但从危机中挽救了她，而且还促成了她的成功。周晓丽的例子在生活中并不少见。如果周晓丽一直过着养尊处优的生活，她是绝不会想到那一点的，因为她没压力感，根本不会去积极发挥自己全部的潜能，寻求摆脱困境的办法。

古语曾有"置之死地而后生""破釜沉舟"等说法，的确，压力在很多时候能激发出强大的精神力量，把人的潜能发挥到极点。因此，我们除了要对压力有正确认识外，还应该感谢压力所赐予的其他东西，即激发人的潜能。

的确，在巨大的压力作用下，我们的体力和忍耐力都会远远超过平时。只要我们相信能在面对压力时爆发自己的潜能，我们就会产生超凡的智慧和强大的精神动力。有句话说得好，顶级的进步常常来自顶级的压力，要想在激烈的职场竞争中取胜，在工作上做到精益求精，就必须学会与压力共存，化压力为前进的动力，不断激发自己的潜能。

数据显示，绝大部分正常人只运用了自身潜藏能力的 10%。可以这么说，每个人都有一座"潜能金矿"等待被挖掘。那么，到底怎样才能成功挖掘自己的潜能呢？

1. 树立远大志向

古人说得好，"非志无以成学""志不强者智不达"。所谓立志就是激励自己走向一条进取的、迎难而上的、智慧的人生之路。人有了志向，就会对自己严格要求，就会克服前进路上的任何困难，他的聪明才智才会发挥出来。

2. 要提高身心健康水平

健康的身体、充沛的精力、愉快的心情可使人的智力机能很好地发挥作用；反之，人的智力活动就会受到压抑。心理健康是开发潜能的基础，要想提高身体健康水平，就要从饮食、睡眠、锻炼三方面进行调整。不断涵养自己的性格，建立和谐的人际关系。

3. 培养良好的心理品质

心理品质包括道德品质、意志品质、自信心、责任心等。研究发现，科学家不但智力水平高，而且在青少年时期就表现得十分坚强，有独立性，这些人充满自信心，有百折不挠的坚持精神。可见，培养良好的心理品质对开发人的学习潜能作用重大。

4. 学会学习

有人说过："未来的文盲不是不识字的人，而是没有学会学习的人。"学会学习可以使人更有效地发挥出自己的学习潜能。学会学习，主要包括：全身心学习、科学地学习、创新学习等。

魔力悄悄话

职场如战场，在这个弥漫着无形的硝烟的地方，仅仅有一技之长还是不够的，要从进入职场的那天开始就不断开发自己的潜能。人类是喜欢走捷径的动物，那么捷径是什么呢？当然就是我们本来就已经具有的只是还没有被我们好好利用的潜能。

拖延是忠诚的死敌

调查发现，86%的职场人声称自己有拖延症，仅4%的职场人明确声明自己没有拖延症。可见，"拖延症"这个在国外已经出现了20年的心理学名词，也已成为我国众多白领为自己贴上的标签。

今天，拖延已经成大部分职场人工作中的常态，需要引起职场人和用人单位的高度警惕和重视，要规避过度的拖延给正常的工作带来的损失和风险。

27岁的小米是一家公司的策划部职员，上班后每天的生活几乎都是在上述拖拉磨蹭中开始，她自嘲"超级名磨"。到单位后，小米要做的第一件事就是打开word文档，可是直至中午，文档上依然空白一片。

桌面上贴满了各种催人烦的"最后期限"，十万火急的任务这两天必须完成。明知有许多事要做，小米却总是暗示自己再等会儿，再等会儿。先收个菜，刷新下"围脖"，签收淘宝的衣服……这就是小米工作日一天的真实写照。

最后，"不堪其扰"的小米终于鼓起勇气找心理医生就诊，定期进行心理疏导。同时在心理医生的建议下，小米和她的同事一起制订了工作时间表，听取同事的意见合理地安排好每个阶段的工作量，并请同事监督实施。

在特定的时间段里，小米把类似于QQ、MSN的聊天软件，还有诱人的各种网页全部关闭，取而代之的是柔和音乐的播放，可以使自己沉下心来进入全身心投入的工作状态。当任务达成之后，小米也会奖励自己吃一顿美食。

一段时间内做事情井井有条之后，小米便开始回想比较这期间没有焦虑、全力以赴的过程和以前紊乱紧张的体验。如今小米这位曾经的"职场拖延症患者"在经过很好的心理疏导以及切实行动的落实之后变成了一位守时达人。

如今，职场上拖延症已经屡见不鲜。其实早在20世纪40年代，美国就有了"拖延症俱乐部"，成员主要是律师、作家、记者之类。拖延症带来的后果不言而喻：耽误工作、影响情绪、破坏团队协作和人际关系。有时候工作时间拖得越长，工作效率越低。而且，拖延症甚至还会拖垮身体，那么如何才能消除这种坏习惯呢？

1. 今日事今日毕

有些人相信，"压力之下必有勇夫"！其实，这种说法是错误的。你可以列一个设定短期、中期和长期目标的时间表，以避免把什么事情都耽搁到最后一分钟。

2. 确立目标获取动力

要把工作任务融入人生设计轨道，如果希望自己今年哪方面有所突破，就要遵循这一目标去做，做出系列作品或成绩，从而得到提升。把无法把控的工作，主动变成可以把控，从个人思想方面来做调整，转变自己对工作的要求，从中获取工作动力。

3. 分清主次

职场中，会有一些突发性和迫不及待要解决的问题。成功者花时间在做最重要而不是最紧急的事情。可以把所有工作分成：急并重、重但不急、急但不重、不急也不重 4 类，依次完成。虽然发每封电子邮件时不一定要字斟句酌，可是呈交老板的计划书一定要周详细密。

4. 消除干扰

关掉 QQ，关掉音乐，关掉电视……将一切会影响你工作效率的东西统统关掉，全心全力地去做事情。

5. 互相监督

找些朋友一起克服这个坏习惯，比单打独斗容易得多。

魔力悄悄话

拖延，是尘封梦想的地狱，是埋葬潜能的坟墓。如果认准了自己喜欢做的事情，并且愿意为之付出不懈努力，就要坚持住，一秒钟都不要拖延！

用心做好每一天是一种忠诚

一般来说，忠诚的员工都明白这一点：企业裁员，首先裁的就是那些可替代的人，而那些具有不可替代优势的人相对来说是比较安全的。那么，什么才是不可替代的人呢？不仅要做出非凡的业绩，还要拥有忠诚的工作态度。

某家企业新招来了一名大学生叫吴敢。他刚刚大学毕业，脑子里除了从书本上学来的那些理论知识，可以说是什么也不懂。在吴敢进入公司之后，公司给予了他充分的照顾：不仅为他提供了不错的薪资待遇，帮助他解决了生活上的困难，而且还积极安排他去各个部门实习，让他尽快地融入公司之中。在公司的全力培养下，吴敢工作上进步十分明显，很快便成公司的业务骨干，他本人也在不久之后当上了部门的主管。

然而，让公司领导十分失望的是，升职之后的吴敢并没有因为公司的重点培养而对公司感恩回报，反而天天抱怨自己的工作过于繁重，工资待遇太低。在这种情绪的影响下，吴敢对工作也失去了原先的热情，起初还只是消极怠工，后来发展到了在公开场合指责同事和领导，不仅自己的本职工作没有做好，而且还影响了其他同事的工作积极性。吴敢的这种表现让公司领导非常不满，不久之后他就被撤销了主管的职务，又变成了一名普普通通的职员。

吴敢之所以得而复失，从一名前途光明的公司主管又降为普通的员工，主要原因在于他没有认真做好自己的本职工作。如果没有公司的着力培养，他是不可能从一名懵懵懂懂的大学生摇身一变成为公司的业务精英的；他能在工作上有出色的表现，也是因为公司对他的关怀和照顾。然而，吴敢却没有坚持下来，渐渐地失去了工作热情。

职场中，要时刻记住"有鱼吃了还要逮老鼠"，只有这样，才不会被取消"鱼"，才能在职场上获得长久的稳步的发展。第一，把工作做到完美。为了企业的发展，除了裁员，各个企业都在缩减财政支出，比如取消加班、下调工资、降低奖金等，面对这种形势，很多人都会愤愤不平，可是不满归不满，依然要认真工作，要追求完美，避免瑕疵。第二，不要传播小道消息。职场中，最让人厌恶的行为就是传播小道消息，例如，"喂，你知道吗！我听说咱们公司的×××要被裁了。""听说年底的奖金泡汤了，唉！""听说咱们的主管要走了？"……对于这样的议论，最好不要参与，尤其不要去传小道消息。第三，用业绩说话。能够被公司裁员的通常有两类人：一类人是确实没能力，或者有能力但不肯付出；一类人对公司还有一定价值，只不过基于目前的经济形势，公司不得不忍痛割爱。如果你是第二类人，那么你还有机会通过努力将自己从死亡线上救回来。第四，打造自己的不可替代性。在企业中，如果你所处的岗位就是容易被边缘化的岗位，那么就有了危机。一般来说，相对边缘一些的岗位就是行政、人力资源、财务、办公室、战略规划部、企划部等，在企业价值链条中，这些岗位相对危险。如果处在容易被边缘化的岗位上，在平时就应该加强自己的危机意识，想办法增强自己的优势。

魔力悄悄话

如今，一些企业频频传来的裁员消息已经将员工的心理弄得乱七八糟，惶惶不可终日，可是既然你还在其位，即使是最后一班岗，也要站好，以积极态度将工作做到百分百完美。在同样严峻的形势面前，在能力相差无几的情况下，你的态度就是竞争力。

自动自发是对忠诚的诠释

一个和尚在寺庙里待了几年了，可还是做扫地、端茶的工作。有一天，他越想越生气，去找方丈说理："我在这儿辛辛苦苦干了几年了，为什么还是让我扫地、端茶？太没道理了！"

方丈捋了捋胡子，慢条斯理地说："难道你没有发现，你扫地从来不知道把垃圾处理掉，端茶时也不知道把桌子上的灰尘抹掉吗？"

方丈一语中的！不可否认，和尚工作失败的原因就在于，他没有主动精神，不知道主动做一些没有人交代他做的事情。

有主动精神的员工，会勇于负责，有独立思考能力。这些员工有别于那些像机器一样的员工，他们不会按别人的吩咐机械地完成工作，他们往往会发挥创意，出色地完成任务。

而不能积极主动工作的员工，则墨守成规、害怕犯错，凡事只求遵循公司规则。他们会告诉自己，老板没有让我做的事，我又何必插手呢，又没有额外的奖励！这两种不同的想法会明显地导致不同的工作表现。

成功的机会不会白白降临到你的身上，只有那些主动做事、主动工作的人才能获得更多的机会。但遗憾的是，意识到这一点的人并不多，大多数人早已养成了拖延、懒惰的习惯。

对于每一名职场中的人来说，工作首先是一个态度问题，需要热情和行动，需要努力和勤奋，需要一种积极主动的精神和态度。事业的成功取决于态度！如果你能够以主动积极的心态对待工作，工作中表现得比老板更积极主动，那么你必定是一个合格的、优秀的人。在这种心态的引导下，你必然会获得自己事业上的长远发展。

贾晓亮和张肖同时受雇于一家小超市做采购，并且拿同样的薪水。可是一段时间后，贾晓亮的薪水节节高升，而张肖的却仍在原地踏步。张肖很不满意老板的不公正对待，终于有一天，他到老板那儿发牢骚了。

老板一边耐心地听着他的牢骚，一边在心里盘算，要怎样向他解释清楚他与贾晓亮之间的差别。

想了想，老板开口说："张肖，你早上到集市去一下，看看今天早上有卖什么的。"

张肖从集市上回来向老板汇报说："今早集市上只有一个农民拉了一车土豆在卖。"

"有多少？"老板问。

张肖赶快戴上帽子又跑到集市上，然后回来告诉老板："一共40袋。"

"价格是多少？"

张肖又第三次跑到集市上问来了价钱。

"好吧，"老板对他说，"现在请你坐到这把椅子上，一句话也不要说，看看贾晓亮是怎么做的。"

贾晓亮很快就从集市上回来了，汇报说："到现在为止只有一个农民在卖土豆，一共40袋。土豆质量很不错，我还带回来一个让老板看看。昨天，那个农民铺子里的西红柿卖得很快，库存已经不多了。我想这么便宜的西红柿，老板肯定还要进一些的，所以我不仅带回了一个西红柿做样品，而且把那个农民也带来了，他现在正在外面等回话呢。"

此时，老板转向了张肖："你现在肯定知道为什么贾晓亮的工资比你高了吧？因为他工作比你主动。他不但做了我交代的事，还做了我没交代的，可是却是他的职责范围的事。"

贾晓亮的行为告诉我们，工作的时候，不能只做老板告知你的事，而要做必须要做的事。其实，我们都是在替自己工作。没错，你的薪水是公司发的，老板指派工作给你，评价你的工作绩效。但更主要的是，要怎么做是控制在你的手中的，能否积极主动地工作完全取决于你。

1. 把公司当成自己的家

任何一个有理智的人对自己的家庭都是悉心呵护的，想使自己的家庭幸福美满，生活越过越富有。为这个家，他知道怎么尽心尽力。

公司就是由更多的人组成的一个大家庭，如果每一个成员都能像呵护自己的小家庭一样对待公司这个大家庭，与大家庭荣辱与共，怎么可能不积极工作？

2. 具备良好的思想品德

思想品德是人的素质中最宝贵的，具备优良的思想品德，你就会不讲价钱、不计报酬、积极主动地去完成任务。而当你出色地完成任务，会得到认可，也会得到回报。

3. 主动积极要从点滴做起

实现自己的人生目标要着眼长远，立足点滴。按部就班从点滴做下去是实现任何目标的唯一聪明做法，要把做任何一件事当成自己向前跨步的好机会，意味着吃苦，意味着付出，有投入才能有产出。从点滴做起，不怕吃苦，就能积小为大，积少成多。

4. 主动寻找答案

如果有了积极主动的工作态度，则在碰到问题时，会积极主动地去想办法解决，即使自己想出来的办法很差，但也能保证问题的解决；或者自己想不出办法时，能积极主动地去请教别人，这种习惯，不只是谦虚的问题，更是一种做事的态度。

5. 不断自我总结

如果有了积极主动的工作态度，则在做完事情以后，就能不断地进行自我总结回顾，从中发现存在的问题。不只是对事情本身进行总结，还包括处理事情的过程、思维方式方法，这样不断自我总结，既可以提高能力，也进一步强化了积极主动、认真负责的态度。

魔力悄悄话

主动积极是做好工作的基础。主动，就是靠自发动力行动，就是主动承担工作；积极，就是以积极的心态完成工作。要想做一个忠诚的员工，就要养成主动积极的工作品质。

做好小事，感动你身边的人

萧林在一家企业工作已经有两个月时间，他的职位是行政助理，每天都是做一些很简单的琐事，例如收发文件、订机票、买文具等。每天都是按部就班地干活，萧林觉得很枯燥，一点挑战性都没有，做不好还要受领导批评。萧林觉得，现在的工作状况和自己想象中差距很大，自己的特长也不能得到发挥，他已经没有耐心继续坚持下去了。

很多高校毕业生初涉职场时都有这样的心态，他们认为自己起码是个本科生或者出身名校，应该负责比较有挑战性的工作，觉得大材小用，对事务性工作不屑一顾，甚至认为自己应该在工作中发挥独当一面的作用。

可是，要知道，"做小事"是一回事，"做好小事"是另一回事。小事做起来是枯燥的，需要员工有持之以恒的信念和毅力。员工能力的高低在很大程度上体现在能否把事情做透、做好，即事情的细节反映出做事的水平。如果以消极的心态对待"小事"，只把小事作为一个形式，敷衍了事，浅尝辄止，则会连"小事"都做不了。因此，每个员工都应该从现在做起，从本职做起，既胸怀大志，又远离浮躁，在"做小事"中历练自己，争取早日成为企业的栋梁之材。

杨舒是知名大学的毕业生，他以优异的成绩进入了一家省级机关。他雄心万丈，本想一展拳脚，不料上班后才发现，每日的工作无非是些琐碎事务。这让他大失所望。

一次单位开会，部门的同事们都在彻夜准备文件，分配给杨舒的工作是装订和封套。处长再三叮嘱："一定要做好准备工作，别到时弄得措手不及。"杨舒却不以为然：小孩子也会的事，还用得着这样告诉大学生吗？

当同事们都在忙碌时，杨舒却只是在旁边看报纸。文件终于交到他手里。他开始一件件装订，没想到只订了几份，订书机就"喀"地一响，原来是订书钉用完了。

杨舒漫不经心地打开订书钉的纸盒，脑中"轰"的一声——里面是空的。杨舒翻箱倒柜地寻找了一番，可是一根也没找到：这时候，已经是深夜 11 点半了，文件必须在次日 8 点大会召开之前发到代表手中。处长看到这个情况，非常生气："连这点小事也做不好，你这个大学生有什么用啊！"

杨舒低下头，无言以对。他没有说话，径直走了出去。直到凌晨 3 点时，才在一家通宵服务的商务中心里找到了订书钉，最终赶在开会之前，将文件整齐漂亮地发到代表手中。

事情过去之后，杨舒以为处长一定会狠狠地批评他一顿，可是没有想到处长却只说了一句："记住，最小的事也同样是重要的事。"

后来，杨舒和朋友说起了这件事。杨舒说："那是我一生受用不尽的一句话，让我深刻地领悟到：用浮躁的心是做不成任何事的，最微小的过失都会造成全局的被动。"

在通往成功的路上，真正的障碍，有时只是一点点疏忽与轻视，就像那一盒小小的订书钉。因此，为了避免这种情况的出现，应该做到以下几点。

1. 做好身边的小事

只有脚踏实地做好身边的每一件小事，才有可能成为做每一件事都能成功的人。很多人因为小事不做，而终成不了大事，机会往往就在你的妄想中溜走了。只有踏踏实实地做好手头的每一份工作，才会有更好、更大的工作等着你去完成。

2. 一步一个脚印地做事

如果没有细致入微的工作态度，即使具有再好的工作环境和工作能力，你也难以取得最后的成功。只有一步一个脚印，不带任何侥幸和麻痹心理地做好每件事，才能真正做好任何可以做到的事。成功永远属于注重细节、一步一个脚印追寻自己梦想的人！

3. 付出全部的热情

成功者与失败者的相同之处在于，他们都做着同样简单的小事；而他们的不同之处则在于，成功者从不认为他们所做的事是简单的小事，而失败者从不认为他们所做的事会有什么大不了。要做一名成功者，你就要记住：每个人所做的工作，本身就都是由小事构成的，你必须全身心地付出你的热情和努力，才能把每件事真正做到完美。

魔力悄悄话

一切从小事做起，是任何一名员工做好工作的第一步，也是员工调整好心态，积极主动去工作的第一步。职场上根本不存在什么不值得做的事情，即使是一件最小的事也同样重要，也需要你全心全意地把它做好——即便它们很琐碎，很微不足道！

思考一小步，前进一大步

职场中，有些人在做事的时候喜欢完全听从老板的吩咐，不会思考，所以很多事情没有经过自己的深思熟虑而做得差强人意，与老板的意图相差千里。他们认为，只要服从老板的命令，踏实、老实、本分地工作就足够了，至于自己的一些想法还是不加入为好，免得与老板的意图相左，免得将事情搞砸。如果你还秉承着这种工作态度，那么，你永远无法把事情做好，你的事业也难以得到长足的发展。

小惠毕业后来到一家设计公司实习，刚进公司就被分配给赵姐做徒弟。小惠是个很听话的孩子，赵姐让她做什么、怎样做，她都努力去完成，并且极力做到最好。

在赵姐眼里，小惠就像小妹妹一样，所以非常照顾她。可是时间久了，赵姐发现，小惠对自己不仅是听话，而且是过分依赖了。只有她在，小惠才能做好工作；或者不管做什么，小惠都要做一步问一步。让她自己做，她就会不知所措。

开始的时候，赵姐认为小惠还在实习期，工作上有些放不开。虽然找小惠谈过，她也答应尽量改，但在日常工作上，小惠还是改不了"听话"的毛病。

实习期过去后，小惠成为设计公司的正式员工，从理论上来说，必须"单飞"了。可是她依然像以前一样，时时刻刻离不开赵姐的"指导"。

小惠的天分不错，有创意、有想法，完全具备"单飞"的能力，可就是不敢放手去做。只要赵姐给她交代一项工作，她就能知道应该怎样去做，只是在做每一步时，总是会问"这样对吧"，得到认可后，才会做。

其实，小惠根本不需要这样，只是以前依赖习惯了，没人认可，她就不敢动。

为了锻炼小惠，赵姐故意"冷落"她。有一次，经理让小惠独自做一个广告设计，设计内容很简单，颜色也并不复杂，可小惠还是拿着设计方案找到赵姐，让赵姐替她把关。

赵姐说："你自己看吧，如果实在拿不定主意，可以去问经理，我也不好替你做决定。"听到赵姐这么说，小惠一下子愣住了，一脸委屈地坐在桌子前。看着眼泪汪汪的小惠，赵姐又有些于心不忍，只好引导她完成了工作。

不可否认，"职场断乳期"是人们行走职场的一个关键节点，也是一个人成熟的起点，不过这也因人而异，关键要看这个人的心理素质和心态。案例中小惠过分依赖伙伴，这种"藕断丝连"情结有两方面的弊端。

一方面，这种人一般都缺乏独立性，缺少竞争力，容易被周围环境、事物、人际关系等淘汰，适者生存，面对他的可能就是失业。

另一方面，过分依赖周围的人，频率过高，会招致别人的反感。这样对上下级关系、同事之间的交往极为不利，甚至慢慢会被孤立，这对于不成熟的职场人来说就更危险了。

这种不成熟，和我们的年龄和阅历并没有直接的关系，这是一种对别人的依赖心理。有些人在面对"职场贵人"时，本来是出于尊重，可由于尺度把握不好，尊重过头，事事请示，最后演变成依赖了。所以，要当断则断。

学会独立思考，偶尔请教别人，谦虚有礼，反而会给予彼此空间和尊重，博得对方的好感。与周围的人保持距离，这样，即使做不了职场达人，也能做一个职场"大人"。

绝大多数在职场中取得成就的成功人士，几乎都有一个共同的特点：善于思考、主动行事。面对老板的吩咐，他们不会被动地接受，按部就班，不假思索地去做，而是主动思考，借由自己的智力、知识与经验尝试解决问题，这些积累下来就是一笔可观的财富。

老板是企业的决策者，他只能提出一个大概地做事方向，并不能为你指出事情的具体做法。一般来说，他们都很忙，没有时间站在你的身边时刻给你指引下一步该如何去做。自己的任务就要自己去解决，不要等着老板指点迷津。要时刻清楚，老板聘用你的目的是让你帮助他做事，而不是让他帮助你做事。

有心理学家说，如果你能每天花上一个小时去思考某一个问题，坚持5年后，你就会成为那个领域的专家。这就是思考的力量。

魔力悄悄话

依靠拐杖走路，可以让我们走得更稳。可是在职场中，这样的依赖心理对于一个渴望成功的人来说，却是大忌。遇到困难虽然可以向别人求助，可是如果形成了习惯，凡事都靠别人帮忙，渐渐就会失去独立思考的能力。

拒绝借口，不为妥协和退却找理由

很小的时候学过一篇课文，讲的是这样一个故事：

在原始森林中，住着许多鸟儿，这些鸟儿欢快地歌唱，辛勤地劳动，过着快乐的生活。

在这些鸟儿中有一只叫寒号鸟的小鸟，它有一身美丽的羽毛和婉转嘹亮的歌喉，为了卖弄自己的羽毛和嗓子，它到处游荡，四处炫耀。

看到其他的鸟儿辛勤地劳动，它嘲笑不已。

好心的邻居们提醒它："寒号鸟，赶快垒个窝，不然冬天来了怎么过呢？"

寒号鸟轻蔑地说："冬天还早着呢，急什么啊！你们还是趁着今天大好的时光，快快乐乐地玩耍吧！"

就这样，时间一天天过去，转眼冬天来到了。

其他的鸟儿晚上都住在自己温暖的窝里安详地休息，而寒号鸟却在寒风中，冻得瑟瑟发抖，此时美丽的歌喉再也婉转不起来，它只能在寒风里哀号："多罗罗，多罗罗，寒风冻死我，明天就搭窝。"

可是，第二天，当太阳出来，万物苏醒。

当它沐浴在温暖明媚的阳光中，寒号鸟又忘记了昨天晚上的痛苦，又快乐地歌唱起来。

其他鸟儿善意地规劝它："快垒窝吧！不然晚上又该受罪了。"

寒号鸟不以为然地嘲笑说："一群不会享受的家伙！"

很快，晚上又来临了，寒号鸟又重复前一天晚上的故事。

就这样日复一日又过了几个晚上，大雪突然降临，鸟儿们奇怪，寒号鸟怎么没有哀号呢？太阳出来了，大家寻找一看，寒号鸟早已被冻死了。

这虽然是一个童话故事，但是却寓意深刻，它说明了在人的一生中，不找借口，不拖延是多么的重要。

是的，许多杰出的人都富有开拓和创新精神，他们绝对不在没有努力的情况下就事先找好借口。

而那些失败的人之所以陷入失败的困境，就是因为他们总是事先找出种种借口为自己开脱。

平庸的人之所以沦为平庸，是因为他们总是搬出种种理由来欺骗自己。

而成功的人，一门心思考虑的是如何千方百计来解决困难，绝对不给自己找半点让自己退缩的理由和借口。

不给自己找借口，是每个成功者走向成功的通行证！

2011 年年底，行销中心祁原坤经理丢了身份证，需要回家办理。当时正是冲刺业绩的时候，为了团队的目标，祁经理没有请一天假，而是通过周日的时间回家办理。

早上，祁经理乘坐飞机从深圳飞到河南郑州，两个多小时后到达了目的地。然后，他便直接做汽车到县城，直接赶到县公安局办理。

办理完后，都没有回家看一眼，立刻就乘坐汽车赶到了机场。

周日当天晚上返回深圳，第二天照常上班。

按照平常来说，祁经理完全可以请 3 天甚至一个星期的时间回家办理，但是祁经理并没有这样做。

为了团队的目标，他没有给自己寻找任何的借口，一直都坚守在自己的工作岗位上，没有耽误一天的工作时间，甚至舍弃了回家看望父母的时间，这体现了我们所说的敬业精神，值得我们每一位职场人学习。

职场中，为自己找借口的人很多很多。**99%** 的失败都是因为人们习惯于找借口。

借口是一种思想病，而染有这种严重病症的人，无一例外都是失败者。当然一般人也有一些轻微症状。

可是，一个人越是成功，越不会找借口，处处亨通的人，与那些没有什么作为的人之间最大的差异，就在于借口。

在职场，有很多人都会用这样或是那样的借口逃避工作，时间久了你就会发现这些借口能毁了你的前程！

1. "我们一直就是这样的"

当工作没有突破，或有人提出墨守成规的不足时，有些人就会说："我们一直都是这样的。"一直就是这样的，意在告诉他人我在某种被认可的、安全的定式当中。

一个缺乏创新精神的员工总是喜欢沿用传统而固定的模式，按部就班地工作，或许有那种喜欢下属不必具备进取精神的上司会青睐他们，因为他不需要一个挑战他的员工，但喜欢跟随他、丝毫没有个人主见的员工。

2. "不是我不努力，是对手太强"

为不思进取寻找借口时，通常会用到这句话——"不是我不努力，是对手太强。"遭遇困难时，积极地克服与应对会更加激发出一个人的潜能，不然就不会发生后来者超越前者的故事了。不思进取最终是意志品质上的认输，对手太强的意思就是：我比人家差太多。常说这句话的人，不是尊重对手，而是在不断否定自己。

3. "事先没人告诉我"

事先没人告诉的借口，往往是在工作失误浮出水面之后。比起事不关己的彻底逃避型，喜欢用"事先没人告诉我"来推脱责任的人更容易一脸无辜地来为自己开脱。

事先没人告知，不代表你不应该就有疑点的事情展开探索与询问，核实之后再下定论。

这个借口的前戏是敷衍行事，而后戏就是出现问题把矛盾指向那个事先应该告诉你的人。

4. "这件事跟我没关系"

遇到问题的时候，有些人会说："这件事跟我没关系。"如果用"嫁祸他人以减轻自己责任"来诠释它的含义，不要觉得太过分。事实上，很多人板起脸来显得与世无争时往往掩盖了他最真实的一面。

无论在哪一间公司，骄人的业绩都来自团队每一个部门、每一个人的紧密协作，而问题出现在某一个结点上也会影响全局。如果问题出现时我们都说与我无关，相信颓废之风马上遍地开花。

5. "我现在很忙，等下周吧"

在领导向下属分配任务的时候，有些人会说："我现在很忙，等下周吧。"这是一种典型的拖延型借口。

如果一个人的工作进度是按时间表规划好的，那么他会在接受任务时告诉你为什么目前不能做，手边有什么事情，大概会在什么时间段来操作这个项目。

现在有很多这样的员工，他们信誓旦旦，言之凿凿，把本来可以在短时间内完成的工作拖到以后。

魔力悄悄话

优秀的员工从不在工作中寻找任何借口，他们总是把每一项工作尽力做到超出客户的预期。他们总是出色地完成上司安排的任务，替上司解决问题；他们总是尽全力配合同事的工作，对同事提出的帮助要求，从不找任何借口推托或延迟。

心无旁骛是成事之基

　　事实告诉我们，职场新人的首要任务是充实自己，而不要将太多精力花在猜忌他人上，应多琢磨事，少琢磨人。

　　2003 年 10 月，大学刚毕业的聂志伟和陈志刚同时进入一家公司，做销售工作。聂志伟言语不多，在公司时，上网收集资料，和客户电话沟通，和同事谈的大多是工作。

　　相比之下，陈志刚则显得八面玲珑：夸女同事衣服好看，与男同事称兄道弟，更不忘抽时间陪部门经理"搓搓麻"，似乎颇有人缘；他也因此了解了颇多"内幕"：某某是靠谁的关系进了公司，某某的奖金发了多少。陈志刚常"点拨"聂志伟：要把领导和同事的关系搞好，工作才更好做。

　　随着时间的推移，聂志伟的业绩开始领先于陈志刚，同样提出方案，大家对聂的方案讨论得很详细，对陈的则往往"一笔带过"。这让陈志刚倍感不平衡，心里有了情绪，工作也受到影响，他甚至已开始考虑是否要跳槽。

　　两周前，公司进行岗位竞选，聂志伟报了名。陈志刚则对聂志伟说："报了也是白报！我们都是新人，参加竞选的人谁没有关系啊？怎么可能轮到我们呢！"

　　经过积极筹备，聂志伟从 12 个竞争者中脱颖而出，成为区域技术销售部经理。总经理对聂志伟赞赏有加，他说："IT 公司具有年轻化的特点，因此新人的晋升机会很大。聂志伟好学实干、工作能力出色，公司当然会给这样的优秀职员提供锻炼机会。"

对职场新人来说，人际关系和工作环境固然重要，但更重要的是自身实力。与其把精力花在琢磨领导、同事身上，抱怨环境，还不如把心思花在工作上，能力提高了，还担心没有人赏识吗？俗话说，干啥吃喝啥。既然身在一个岗位，就要把心思放在工作上，竭尽全力干好本职工作。

把精力用到什么地方，反映了一个人的思想境界，体现了一个人的工作作风。古人说，不患无策，只怕无心。把心思和精力集中到工作上，就能一心一意想打赢、谋打赢；集中到难点上，就能攻克难点；集中到关键点上，就能势如破竹。

把精力用在工作上，本来不应当成为一个问题。可是，从现实情况看，仍有谈论之必要。把精力用在工作上，就是集中心思和精力把自己的本职工作做好。人的精力是有限的，工作之外的事忙多了，用在工作上的心思就必然会减少。

1. 要端正思想认识

要有认认真真、踏踏实实干好工作的从业态度；要热爱自己的职业，珍惜自己的岗位，确立一种对工作尽职尽责的思想，把保质保量干好自己的本职工作作为义不容辞的责任。

2. 要学技术、钻业务，把业务学精学透

要从书本上学，在实践中学；要在学中干，在干中学；要尽快地熟悉业务，并尽早成为独当一面的业务骨干。

3. 要落实在实际行动中

要本着"不干则已，干就要干出个样子"的原则，安下心来，一心一意干好自己的工作；要集中精力，竭尽全力，围绕中心工作去干事情，拓展工作思路；要想方设法改变工作方法，提高工作效率；要严格工作标准和工作制度，保证工作质量；要遵章守纪，绝不对付，更不能"身在曹营心在汉"，手上干着工作，心里却想着钓鱼、打麻将的事。

魔力悄悄话

人的素质有高有低，能力有大有小。可是，如果用心不专，精力分散，没有心血和智慧的持续投入，纵然你学识渊博、经验丰富，也可能干不好工作，做不成事情。

忠诚员工不找任何借口

研究发现，一个人对待错误的态度可以直接反映出他的敬业精神和道德品行。是自己的责任就要敢于承担，一定不能推脱，否则会失去老板对你的信赖，看低你的道德品行。老板如果这样看待你，就不会再对你委以重任了。

刘宇应当在上午10点之前完成一份重要的报表，以便能让部门经理有足够的时间熟悉这份材料，并以此为依据在第二天的公司部门经理例会上发言。可是直到下午2点，刘宇才拿着报表敲响了经理办公室的门。

"怎么搞的，到现在才把报表拿过来！"经理满脸的不高兴。

刘宇两手一摊，一副无可奈何的表情："我原本也想早点做完，可资料部门的那帮人直到上午10点才把处理好的数据交给我。"

迫不得已，经理只好争分夺秒地弥补时间上的损失，花了大半夜的时间熟悉材料，才使得第二天的会议没出什么大差错。

刘宇一个借口不仅把自己的责任推得一干二净，还给别人带来了许多不必要的麻烦。经理对此很不满，不久之后就把做事爱找借口的刘宇给辞掉了。

凡事找借口的人，是不会主动想办法解决问题的，即使有现成的办法摆在他面前，他也难以接受。总是找借口的人，一般都提高不了工作效率，工作成效也就一目了然了。

找借口就是逃避现实，逃避自己因为胆怯不敢面对的现实。问题解决的前提就是正视问题。如果遇到问题首先想到的不是如何面对，而是如何回避，我们怎么能够指望企业上下能够正确地处理问题呢？一个优秀员工正是在遭遇问题这个过程中积累经验和学识，迎难而上，才能使问题得到圆满的解决。

工作就意味着责任，工作越多责任越大。找"借口"是害怕责任的表现。如果想成为一名受同事信任、受领导重视的好员工，就要勇于承担责任。

一个有责任感的人，在做事时，会踏实地做好每一步。只要我们带着热情去工作，把被动化为主动，把全身的每一个细胞都调动起来，就能够完美地完成工作。在深圳科略教育集团有一位金牌讲师——黄智振，他就是这样的一个人。

黄智振老师是深圳科略教育集团十大金牌讲师之一，为了帮助团队达到目标，在市场上一直全力以赴。

2011 年 11 月中下旬的时候，湖北天气寒冷，黄智振老师有点不适应，得了重感冒。可是，在后面的连续几天演讲中，黄老师没有发出一句怨言。

为了完成公司下达的指标，黄智振全力以赴地去企业演讲。虽然嗓子沙哑，咳嗽连连，依然坚持讲课。每次演讲完后，他都会打电话和领导详细交流场次的情况，告诉需要改进的地方。

不可否认，黄老师真的是工作无借口！为了帮助客户和公司达到目标，完全不为自己身体着想。这种敬业的精神令人感动，值得我们每一个职场人士去学习。

优秀的员工从不在工作中寻找任何借口，他们总是把每一项工作尽力做到超出客户的预期，你可以去看看，有很多职场案例是最大限度地满足客户提出的要求，而不是寻找各种借口推诿；他们总是出色地完成上司安排的任务，替上司解决问题；他们总是尽全力配合同事的工作，对同事提出的帮助要求，从不找任何借口推托或延迟。

在现在社会，每个人都处在激烈的社会竞争中。企业需要的是认真、负责敬业的员工，是对企业忠诚、对工作充满热情的员工。当你拥有和公司荣辱与共的精神时，就会充满热情自觉自愿地去做好每一件工作，不管工作有多困难都不会去寻找"借口"，而是尽自己所能去完成任务。在你充满热情的动力下，相信困难会迎刃而解，每一个任务都会以最好的结果被完成。只要你努力了，付出了，很好地体现了自我价值，就会得到大家的肯定。

魔力悄悄话

每个人都不希望在工作中出现失误，可是，"人非圣贤，孰能无过"，人不可能不犯错误。如果在有错误发生时，其中的部分原因是因自己而起，就应该努力承担，并弥补错误，这样有利于建立良好的人际关系，反之则会破坏与同事和上司的关系，使自己的工作陷入无助境地。

多一点准备，少一点盲目

每年春节后开工，很多职场人士都会发现自己的"同桌"悄然"蒸发"了。由于晋升受限、公司业绩下滑、人际关系问题，节后有意跳槽的白领开始伺机而动，传说中的跳槽高峰就会扑面而来。

在人力市场上，"金三银十铜八九"是众所周知的招聘黄金时间，同样也是跳槽的黄金时间，所以，春节后是一年一度的跳槽高峰期，特别是对于刚刚毕业不久的"80后"年轻人，更会这样。

年后上班第一天，在建筑公司做预算工作的华伟准时来到公司，他没像往常一样开始准备一天的工作，反而一来就"炒"了自己的老板。

血气方刚的华伟经常抱怨公司太"家族"，自己得不到应有的晋升机会。

年前一次部门内部的晋升评选，华伟自认比另一个人资历深，工作成绩也要优秀，这都是有目共睹的。

结果，华伟却因少一票而落选。

后来同事安慰他说："谁让人家是老板的亲戚呢？"

华伟愤愤地说："我自己忍了很久，早就有辞职的打算，要不是想着年前辞职影响年终奖，早就不干了"。

这次的年终奖恰恰充当了"起跳"的导火索。

因为最近楼市不景气，导致建筑公司的日子也不好过，公司原本承诺的年终奖最后从"苹果四代"瘦身为"四袋苹果"。一气之下，华伟在年后第一天干脆辞职，另谋出路。

忠诚力——三硕频烦天下计

资料显示，72%的职场人士打算在5年内转换职业发展方向，92%的员工希望晋升至高管。个人与工作的匹配度是决定职场人士去留的因素之一，而企业文化、评价机制、薪酬福利，也是职场人士考虑的要素。

成为卓越员工并不是一件多么困难的事，你只需要做到：每天多准备1%。

老子在其《道德经》中说："合抱之木，生于毫末；九层之台，起于垒土；千里之行，始于足下。"这些古老的中国经典文化说明一个道理：量变积累到一定程度就会发生质变。

所以说，不要幻想自己能突然脱胎换骨，马上就能成为一个卓越的员工。要知道，从平凡到优秀再到卓越并不是一件多么神奇的事，你需要做的就是，每天进步一点点。

1963年，气象学家洛伦兹提出了著名的"蝴蝶效应"：一只南美洲亚马孙河流域热带雨林中的蝴蝶，偶尔扇动几下翅膀，可能在两周后在美国得克萨斯引起一场龙卷风：蝴蝶翅膀的运动，导致其身边的空气系统发生变化，并引起微弱气流的产生，而微弱气流的产生又会引起它四周空气或其他系统产生相应的变化，由此引起连锁反应，最终导致其他系统的极大变化。

这个结果说明，事物发展的结果，对初始条件具有极为敏感的依赖性，初始条件的极小偏差，将会引起结果的极大差异。

每次一点点的放大，最终会带来"翻天覆地"的变化。成功就是每天进步一点点。成功来源于诸多要素的几何叠加。比如，每天笑容比前一天多一点点；每天走路比前一天精神一点点；每天行动比前一天多一点点；每天效率比前一天提高一点点；每天方法比前一天多找一点点……每天进步一点点，假以时日，我们的明天与昨天相比将会有天壤之别。

如果你是个有创意的员工，就应该明白仅仅是全心全意、尽职尽责是不够的，还应该在工作中比别人多准备些。表面上看来，你没有义务要做自己职责范围以外的事，可是你也可以选择自愿去做，以鞭策自己快速前进。

　　这种态度是一种极珍贵、备受看重的素养，它能使人变得更加敏捷，更加积极。无论你是管理者，还是普通职员，"每天多准备百分之一"的工作态度能使你从竞争中脱颖而出。你的企业、上司、同事和顾客会关注你、信赖你，从而给你更多的机会。

魔力悄悄话

　　作为一名普通职员，"每天多准备百分之一"的工作态度能使你从竞争中脱颖而出。有了这一点，你的企业、上司、同事和顾客会关注你、信赖你，从而给你更多的机会。这种态度是一种极珍贵、备受看重的素养，它能使人变得更加敏捷，更加积极。

多一点担当，少一点推诿

　　职场中，经常会看到这样的现象：由于工作中的疏忽大意、漫不经心，而导致了损害的发生。而漫不经心背后，恰恰正是责任感的缺失！有时候一个很小的错误，不但会带来经济损失，甚至还会带来很多不必要的麻烦。对此，一家知名的电脑公司就有过前车之鉴。

　　2001 年 12 月，也就是在圣诞节之前，这家电脑公司在自己的网站上误登了一款音箱的价格，这款音箱正常售价为 229 美元，可是当时的标注为 22.9 美元。

　　这样的信息在网站上一经刊登，不到一个星期就收到了大量的订单，虽然因为订单数超过了库存数量，其中一部分订单被迫取消了，可是，为了维护自己经营的诚信，这家公司仍不得不按照错误的价格为下了订单的顾客发货。

　　这只是一个很小的错误，只是写错了一个毫不起眼的小数点，可是为公司带来的损失却是巨大的。实际上，工作中的许多小事都影响着整个公司的运营，看似事小，一旦疏忽了，造成的损失却是难以想象的。如果当初录入数据的员工能够仔细一点，把这件小事做好一点，就不会带来那么大的损失了。

　　一旦投身职场，随之而来的就是个人或团队的责任。责任感是我们战胜工作中诸多困难的强大精神力量，当责任感和自信心联系起来时，员工的挑战性是超越一切的，能力也会得到充分的发挥。

　　许多人把应承担的责任推给领导，认为自己只是机器上的一颗螺钉，并没有什么权力，所以也不用去承担什么责任。特别是出现问题的时候，不敢或不愿挺身而出承担相应的责任。但事实上，我们做每一份工作的态度和成效都有可能得到密切关注，而这又可能会对自己整个职业生涯产生深远的影响。所以只有做好眼前的工作，未来的发展才会水到渠成！

　　科略公司有一个团队叫珠峰队，在 2011 年下半年，每个团队都在为年底的目标冲刺。在 9 月初的时候，珠峰队制定了本月的目标及行动措施和承诺——如果没有完成目标，所有的顾问从公司步行到南头检查站，全程 30 多千米。可是，虽然大家都在为这个目标全力以赴，但最终还是离目标差那么一点点。

　　在 10 月初的一个晚上，珠峰队所有的顾问 7 点钟在公司集合，履行他们的承诺，步行到南头检查站。刚开始，大家没有太多的言语，都在总结为什么没有达到目标？哪些地方需要做得更好？可是，随着离南头检查站越近，越感到疲惫，尤其是几个女孩子。但是，他们没有停下来，大家相互鼓励着，为对方打气。在凌晨 3 点 23 分的时候，他们到达了南头检查站，这时他们哭了！整个过程，一共花了 8 个半小时。

　　当一个人能够为自己说过的每一句话去负责任的时候，那么这个人一定会有所作为。当一个团队声音一致、言行一致的时候，为我们说过的每一句话去负责任的时候，那么这个团队必定强大。

　　工作就意味着责任，每一个职位所规定的工作任务就是一份责任。当我们对工作充满责任感时，就能从中学到更多的知识，积累更多的经验，就能从全心投入工作的过程中找到快乐。当我们负起责任时，战胜工作中诸多困难的那种强大的精神动力，能使我们有勇气排除万难，甚至可以把不可能完成的工作任务完成得非常出色。

　　一旦失去责任心，即使是做自己擅长的工作也会做得一塌糊涂。因此，我们在做任何一项工作的时候，成不成功，通常取决于是否有强烈的工作责任心以及主动积极的工作态度。

　　我们对待工作要如何来强化工作责任心呢？

　　首先，要充分发挥自己的主观能动性。接到工作任务后，不能只是被动地服从，抱着完成任务、搪塞的态度去做，而是用正确的态度去看待这份责任。

　　其次，不仅要做好领导要求的工作，而且在工作中要主动，对自己所做的工作任务要切实负起责任。能够结合工作过程中的实际情况，在不违背工作原则的情况下，创造性地完成任务。在工作中，经常会遇到一些预想不到的困难，这时我们不能退缩，只能前进，鼓足勇气增加干劲，懂得运用、发挥自己的聪明才智，去克服遇到的各种困难，这就必须有着一种坚忍不拔的奋斗精神。

　　最后，要不断进取、开拓创新。当今社会充满了竞争，我们都是竞争的主体，知识经济时代的到来，对大家的工作、学习、生活的能力提出了全新的要求，优胜劣汰的市场竞争法则面前人人平等。

　　因此，我们不能仅仅满足于现有的知识及工作经验，工作中要不断地充实自己，提高自己，虚心地向身边的同事学习，学习他们的宝贵经验并与新的知识相结合，才能使自己永远立于不败之地。

魔力悄悄话

　　责任感是我们战胜工作中诸多困难的强大精神力量。一位成功人士曾这样描述自己心目中的理想员工："我所需要的员工是具有进取精神、敢于承担高强度工作任务的人。"那些勇于向高难度工作挑战的员工始终是人才市场上的"抢手货"。

多一点务实，少一点浮躁

　　初入职场的大学生在刚参加工作时，往往会表现出一种非常积极、充满激情的工作心态。从他们工作的第一天起，每个人的心中都有一番雄心壮志，都希望在工作中尽快脱颖而出，尽快地走上公司的管理阶层。

　　大学生有理想、有斗志固然好，对成功的追求与渴求也是正常的，可是必须把心态调整好，不能急于求成，幻想在最短的时间里，在各个方面都做到最优秀，让老板尽快给自己一个重要的领导岗位。

　　可是有些人一旦自己在短期内的努力没有马上得到回报，就会认为这公司不重视人才，没有伯乐，在人才的管理上存在问题，好像自己在这里工作没有前途。在这种情况下，一些人又会产生跳槽的想法。

　　殊不知，在这里工作的老员工，他们无论在工作的能力还是在工作的经验上都比现在的你做得更好。也许你就是一个潜力股，也许领导会在对你考查一段时间后，让你从事更多的更重要的工作岗位，但由于一个急于求成的心态，让成功与你失之交臂。

　　大学毕业后，郑爽应聘进入了一家广告公司。

　　郑爽充满了上进心和积极的工作热情，进广告公司的时候，他对自己严格要求，工作上精益求精，业绩尤为突出，比其他同事有着更好更高的发展前途。在自己的职业生涯中，他渴望自己能够早日实现成为一个广告名人的远大理想。

　　公司领导也都十分欣赏他的这种志向，他们认为郑爽虽然刚刚参加工作，还需要锻炼，但他聪明上进，志向远大，成长空间大，是一个可塑之材。

忠诚力——三顾频频天下计

公司对刚进公司的人员有着自己的一套培养计划。他们要求新手必须一切从自己身边的小事做起，从最低的工作岗位做起，任何事情都要循序渐进地进行。

郑爽觉得，如此一来自己何时才能有实现梦想的那一天？于是，他就开始在私下直接进行高端设计，然后通过各种渠道来投递自己的作品，希望能够一鸣惊人，一步登天。

可是很长时间过去了，一切都石沉大海，杳无音信，但公司并没有因此而责罚他影响公司的正常工作，依然给了他很大的支持，并让权威人士给他做全面指导，让他离自己的理想也越来越近。

郑爽自己也十分努力，经常加班。可是，对于那些似乎是任何一个人都能胜任的任务来说，郑爽却依然不顾领导的良苦用心，丝毫不放在眼里。接到的任务，紧赶慢赶就草草了事，继续去做自己所谓的大事。

经过了一段时间的熟悉，公司开始正式给员工分配任务，郑爽接到的任务是给客户做一个简单的封面设计，让客户对自己公司的水平有一个初步了解。可是，郑爽去做的时候却懵了，因为不懂技术，他做了近两个小时还没有完成。这时客户却突然提前来了，领导一看郑爽还在摸索，就十分气愤地叫了一位有经验的设计师来替代他。

设计师三下两下就把封面设计做了出来交到了领导手里。在设计师工作的时候，郑爽本来应该认认真真地跟着虚心学习，但他却迫不及待地又跑回自己的办公室做起了自己的事情。此后，在工作中，郑爽所犯的错误越来越多，有些错误甚至到了让人啼笑皆非的地步，这些错误给公司造成了不好的影响，也造成了一定程度上的损失。郑爽此时也开始离自己的"大事"越来越远。最后，郑爽不得不遗憾地离开了公司。

通过这么多的教训，郑爽意识到，踏实认真工作才是关键。郑爽决定要从此振作起来，借助自己的实力去一步一步实现自己的梦想。

初入职场之时，郑爽大事做不好，小事又不屑于去做，没有耐心与毅力，更是失去了为人的诚信，推脱了自己本应承担的责任，最终导致自己与成功背道而驰。这也是我们应该引以为戒的。

刚参加工作的大学生，很多人都表现出对目前工作的不满，甚至对别人的离职特别不理解，认为那么好的工作怎么会离职，这就是一种"围城"的心态。里面的人想出来，外面的人想进去，这山望着那山高。人们都一直在向外思考，而没有向内去思考自我，去站在企业和社会现实的角度考虑一些问题。

当出现这种浮躁心态的时候，有没有认真思考过究竟是自己的问题还是企业的问题？沉下心来，踏踏实实地干一段时间，当真正地融入企业里干一段时间后，也许你会重新找到自己的定位，发现自己的价值。

陈林是一家酒业公司的销售人员。他这个人很懒，从来都不知道努力去工作，每天其他同事们都出去联系业务，他却躲在办公室里偷偷睡大觉。来这家公司已经好几年了，他的销售业绩还是和从前一样，只能勉强达到公司的最低要求。

有一次，又到了月底发工资的时候，陈林高高兴兴去拿薪水，却发现自己这个月没有奖金。他感到非常不满，心想：我又没犯错误，干吗要扣我的奖金？于是，气冲冲地跑过去质问经理。

经理看到他，也没好气，就从办公桌里掏出一份文件丢给他，对他说："看看你这个月的销售业绩，再看看你同事的销售业绩，你还认为你能拿奖金吗？"

陈林接过来一看，顿时满脸羞愧，他发现自己现在是公司中销售业绩倒数几名的员工，仅仅比那几个新人强一点，和自己一批的老同事业绩都是自己的几倍。看到这份统计，陈林也没脸找经理要奖金了，灰溜溜地走出了办公室。

职场中，要想得到高报酬，简单地混日子是远远不够的，还要踏实工作，力争在工作中做出业绩，为公司的发展添砖加瓦。公司的利润多少直接关乎每一位员工的收入——公司赢利多了，员工就能多拿工资；公司赢利少了，员工的薪水也要缩水；如果公司不幸倒闭了，那么员工就连一分钱都拿不到了。因此，要想安安稳稳地从公司拿薪水，就要在工作上加倍努力，踏实工作。

那么，如何才能平稳地度过浮躁期呢？为了让自己尽快进入工作角色，可以从以下几方面着手。

1. 了解公司的发展战略

只有从更高的大局的角度去了解公司，才能够对公司充满信心，会找到自己的定位和今后努力的方向，这样个人目标和公司目标就会有机地融合到一起，自己与公司共同成长。所以，在参加工作时，不要把眼光只局限于公司的现状、眼前的利益，要多和领导沟通，深刻认识到公司的发展方向和前景。

2. 创造良好的人际环境

对于新员工来说，在短期内离职的原因很大程度上是因为在公司工作得不快乐。工作得快乐和快乐地工作是决定他们去留与否的关键因素，所以，一个快乐的人际交流环境的重要性就开始凸显出来。

这种和谐的交际环境应该如何创造？要主动地去和老员工沟通，在最短的时间内让自己成为这个大家庭中的一员，体会到和大家相处的快乐，为自己搭建一个良好的人际平台。只有当新员工融入企业中，才能够创造出一个快乐的环境，才能在这种环境中体会到快乐。

3. 做好职业规划

今天的处境是由当时的选择决定的，选择比努力更重要。真正参加工作后，很多人都会发现自己其实不喜欢这种工作或这种工作不适合自己。这说明，很多人的职业选择是盲目的，没有做好职业规划。

为了避免这种情况的发生，一定要做好人生职业规划，关键是自己通过对自我的真实的深入的分析，清楚地知道自己到底喜欢什么，追求的终极目标是什么，自己适合干什么。只有把自己的目标和自身的职业兴趣有机地结合起来选择自己的工作，达到两者的统一，才能实现企业和个人的双赢。

魔力悄悄话

没有踏实的脚步，就留不下深深的脚印。蜻蜓点水式的工作态度，注定无缘于成功的阶梯。人本以务实立身，没有了务实，也就丧失了立身之本，也就要让自己最终来承受遭人唾弃的恶果。

第五章

责任体现忠诚

胸怀忠诚比漂亮有钱强。

——蒙古

先求忠诚再求能力，更加安全。

——曾仕强

真诚才是人生最高的美德

——乔叟

人生最可爱者惟其人之忠诚。

——教洛基

最大的忠诚是履行职责

忠诚来自强烈的责任感，一个人只有具备了对企业与工作高度负责的精神，才能够真正地拥有忠诚的品质。换句话说，强烈的责任感可以造就忠诚。

如今，在这复杂的社会中，可以说到处都充满着诱惑。对一个职场中人来说，诱惑不仅仅是一个陷阱，更是一种考验。在诱惑面前，有不少人没有经受住考验而昧着良心出卖了公司。在这些人出卖公司情报的时候，事实上也是在出卖他们自己。任何公司都不会容忍或者原谅员工的出卖行为，那些对公司不忠，只是为了一己之私，不惜牺牲公司利益的人，被职场淘汰将是他们必然的命运。

作为某世界500强中国公司的部门经理，张力能说会道，深得老总的赏识和器重。后来经熟人介绍，他结识了同行业的一家台商老板。有一天，他受邀来到一家星级饭店，与这位台商喝酒聊天。酒过三巡之后，台商走到张力的身边，拍着他的肩膀说："张总，我有一事相求，不知你肯不肯帮忙？"

"你尽管说就是了，只要我能做到就行。"张力拍着胸脯。

"我和你们公司最近在谈一个项目。"台商说，"如果你能够将其中相关的一些技术资料，提供给我一份，这将会使我在谈判中占据更主动的地位。"

"你让我做这事啊？"张力也知道如果帮他的忙，就等于泄露了公司的机密。

"有钱大家赚。如果你能帮我的忙，我是不会亏待你的。"台商伸出了三个指头，压低声音说："30万怎么样？"

张力还在犹豫着，毕竟这关系着他的前途和命运。

"不用担心，"台商说，"这事只有天知、地知、你知、我知，对你的地位也是丝毫没有任何影响的。"台商见张力还在犹豫，就立即将一张写有30万元的支票递给张力。在金钱的诱惑面前，张力背叛了公司。

在双方的合作谈判中，张力所在的公司损失巨大。后来，台商因赌博欠下巨债，公司破产了不说，连房产都被抵债了。身无分文的台商于是就打起了张力的主意，不但索回了30万元，还不断勒索他。终于，有一次张力没有满足台商的要求，被后者告发了。公司查明了真相，果断地辞退了张力，并将之诉诸经济法庭。

在现实生活中，像张力这种背叛公司的人的确存在。与之相比，在巨利诱惑下，依然能够守护忠诚的员工显得格外令人尊重。一个员工要想将忠诚坚持到底，需要具备鉴别力也需要抵抗诱惑的能力，并能经得住各种考验。如果你不为诱惑所动、能够经得住考验、忠诚于你的企业，你所得到的不仅仅是企业对你的信任，你的所作所为还会赢得他人的尊重，从而赢得更多的发展机会。在现实生活中，这种例子数不胜数。

一个人如果没有了忠诚，也就谈不上什么责任感。唯有那些将忠诚看成是最大责任的人，才能经得起各种各样的诱惑，才会时时刻刻地想到企业的利益，且会全力以赴地完成任务，才会在企业陷入困境时继续留在公司，帮助企业渡过难关。

忠诚来自强烈的责任感，一个人只有具备了对企业与工作高度负责的精神，他才算是真正拥有了忠诚的品质。换句话说，强烈的责任感可以造就忠诚。当他进一步认识到忠诚是一种责任时，责任与忠诚就达到了统一。一个没有责任感的人，就算每天都将忠诚挂在嘴边，也经不起事实的考验。

在一家房地产公司工作的艾丽丝，负责办公室的打字工作。她的打字室和总经理的办公室中间只有一块大玻璃隔着，但她从不他顾，只是认认真真地工作着。一年以后，由于企业缺少充足的资金运转，经营陷入困境，甚至工资也不能按时发放，员工纷纷离职。但这时艾丽丝却在想尽自己的能力帮公司摆脱困境。并将其视为自己的责任。当老总办公室的工作人员就只剩她一个人时，她的这种责任感反而更加强烈了。

有一天，艾丽丝走进了总经理的办公室，直接问道："你觉得公司已经垮了吗？"总经理一愣，说："没有！"艾丽丝用坚定的语气说："既然没有，就不要丧气。目前的情况的确非常糟糕，但许多企业都面临着相同的问题。尽管公司的 200 万美元扔在了工程上，变成了一笔死钱，但我们还有一个公寓项目啊，只要将这个项目尽力做好，就一定可以让公司重新振作起来。"说完，她拿出了那个项目的策划文案。几天之后，总经理派艾丽丝去负责那个项目。在责任感的驱使下，艾丽丝做出了令总经理与同事们都惊讶的业绩。两个月之后，那片地理位置不太好的公寓全部售出，从中收回的资金令公司的状况大为改观。

像艾丽丝这种对公司高度负责的忠诚，你具备吗？要知道，每个企业老板都欣赏忠诚的员工。在一项针对世界著名企业家的调查中，当调查者问到"您认为员工最应该具备的品质是什么"时，几乎所有的企业家都选择了"忠诚"。

想知道为什么会这样吗？不妨来看看比尔·盖茨是如何解释的："这个社会并不缺乏有能力有智慧的人，缺的是既有能力又忠诚的人。相对来说，员工的忠诚对于公司而言更重要，因为智慧与能力并不能完全代表一个人的品质，对公司而言，忠诚比智慧更有价值。"

企业家们之所以重视忠诚，就是因为它会令一个人在执行任务时，能够保持连续性与完美性。强烈的责任感可以造就一个人的忠诚，忠诚又会增强一个人的责任感，使不管出现哪种情况、诱惑或困难，都会始终如一地继续执行任务，都会尽自己最大的努力做好工作。

也许会有人说："我对公司忠诚，但老板好像看不见。不仅不器重我，还让我受委屈。"忠诚不是交换的砝码，也不是完美的护身符。一名员工对企业忠诚，是最起码的职业道德，老板不会由于一名员工的忠诚就忽视其别的缺点、无视其在执行中出现的问题。甚至老板也有犯错误的时候，也有戴着有色眼镜看人的时候。这时，你可能会受到委屈，这在职业生涯中是十分正常的事情。如果你承受不住这么一点打击，做出不忠于企业的事，你将会为自己的草率与冲动付出巨大的代价，到了那个时候，你就真的会被老板冷落或被企业开除。正确的做法应当是，始终对企业保持忠诚、对工作忠诚，长此以往，老板迟早会发现你的价值。

成功学家们通过研究发现，在决定一个人职业成功的诸多因素中，能力的大小及知识素养占 20%，专业技能占 40%，而责任却占到 40%。但是 100% 的忠诚敬业，则是一个人获得上述成功因素的唯一途径，是实现和创造自我价值的最大秘诀，因为这样的人才是企业真正需要的人。因此，一位成功学家无限感慨地说："如果你是忠诚的，那么你就一定会成功。"

魔力悄悄话

对企业而言，员工的忠诚才是最大的责任。员工对企业的忠诚，主要体现在尽职尽责、积极主动，不从事任何与履行职责相悖的事务上。此外，忠诚还有一个最重要的特征，就是忠实于公司利益，并且不以此作为寻求回报的筹码。可以说，忠诚是一个职场人士的做人之本，忠诚于公司，忠诚于工作，实际上也就是忠诚于自己。一个员工只有具备了忠诚的品质，才能赢得公司的信赖，取得事业的成功。

做一个履行职责的人

　　做一个履行职责的人，让责任成为习惯。这是因为，作为员工无论如何都要以公司的利益为重。只有时时都以公司的利益为重的人，才能够成为领导认可的员工，才能赢得信任与尊重，才能获得事业与人生的成功。

　　员工和公司的关系是否协调，直接关系着公司的长远发展和员工的未来成长。而员工和公司究竟该以一种什么样的关系出现，又是由双方的态度决定的，而且这种态度是相互的。如果员工从一开始就没把公司当作自己的合伙人，没把自己的进步和公司的成长放在一起考虑，那么他们自然不会事事为公司的长远发展考虑。相应地，公司也不会把更多、更好的发展机会留给这样的员工。公司只会把成长和进步的机会，留给那些全心全意为公司着想、和公司共同发展的员工。

　　马汉高中毕业后，跟随哥哥来到南方打工。马汉和哥哥先是在一个码头的仓库给人家缝补篷布。马汉很能干，做的活儿也很精细，当他看到丢弃的线头碎布时也会随手拾起来，留作备用，好像这个公司就是他自己开的一样。

　　一天夜里，暴风雨骤起，马汉从床上爬起来，拿起手电筒就冲到大雨中。哥哥劝不住他，骂他是个傻蛋。

　　在露天的仓库里，马汉察看了一个又一个货堆，加固被掀起的篷布。这时候老板正好开车过来，只见马汉已经被淋成了一个水人儿。

　　当老板看到货物完好无损时，当场表示要给马汉加薪。马汉说："不用了。我只是看看我缝补的篷布结不结实，再说，我就住在仓库旁，顺便看看货物只不过是举手之劳。"

老板见他如此诚实，责任心又如此的强烈，就想让他到自己的另一个公司当经理。由于公司刚开张，需要招聘几个文化程度较高的大学毕业生当业务员，马汉的哥哥也跑了过来，说："给我弄个好差事干干。"马汉深知他哥哥的个性，就说："你不行。"哥哥说："看大门也不行吗？"马汉说："不行，因为你不会把公司的活当成自己的事干，也很难履行自己应尽的职责。"哥哥说他："真傻，这又不是你自己的公司！"临走的时候，哥哥还说马汉没良心，不料马汉却说："只有把公司当成是自己的事业，才能把事情干好，才算有良心。"

几年后，马汉成了一家公司的总裁，而他的哥哥却还在码头上替人缝补篷布。

这就是对自己的工作尽责，公司的利益与个人的利益是相同的。每一名员工都应该明白，个人的利益完全来自公司的利益，因此维护公司的利益，实际上就是在维护自己的利益。敬业是一种责任，是一种精神上的体现。一个对自己工作有敬业精神的人，才会真正为企业的发展作出贡献，自己也才能从工作中获得乐趣，这样的员工才是真正有责任感的员工。

美国著名的职业演说家马克·桑布恩先生刚刚搬入新居几天，就有人来敲门。他打开房门一看，外面站着一位邮差。

"上午好，桑布恩先生！"邮差说起话来带着一股兴高采烈的劲头，"我叫弗雷德，是这里的邮差。我顺道来看看，并向您表示欢迎，同时也希望对您有所了解。"这个弗雷德中等身材，蓄着一撮小胡子，相貌很普通，但他的真诚和热情却始终溢于言表。

他的这种真诚和热情，让桑布恩先生既惊讶又温暖，因为桑布恩从来都没有遇到过这样的邮差。他告诉弗雷德，自己是一位职业演说家。

"既然您是一位职业演说家，那您一定会常出差旅行了？"

"是的，我一年大概有160~200天出门在外，这也是工作的需要。"

弗雷德点点头说："既然如此，那您出差不在家的时候，我会把您的信件和报纸刊物代为保管，打包放好，等您在家的时候，我再送过来。"

弗雷德考虑事情的周到细致让桑布恩很吃惊，不过他对弗雷德说："没有必要那么麻烦，把信放进邮箱里就可以了。"

弗雷德却耐心地解释："桑布恩先生，窃贼会常常窥视住户的邮箱，如果发现是满的，就表明主人不在家。那您可能就要深受其害了。我看不如这样，只要邮箱的盖子还能盖上，我就把信件和报刊放到里面，别人就不会看出您不在家。塞不进邮箱的邮件，我就搁在您房门和屏栅门之间，从外面看不见，如果那里也放满了，我就把其他的留着，等您回来行吗？"

弗雷德的这种敬业精神实在让桑布恩先生感动，他没有理由不同意弗雷德完美的建议。

两个星期后，桑布恩先生出差回来，他刚刚把钥匙插进房门的锁眼，突然发现门口的擦鞋垫不见了。难道小偷连擦鞋垫都偷？这不可能吧。就在他怀疑这些的时候，转头一看，鞋垫跑到门廊的角落里了，下面还遮着什么东西。

事情原来是这样的：在桑布恩先生出差的时候，联邦快运公司误投了他的一个包裹，给放到了沿街再向前第五家的门廊上。幸运的是邮差弗雷德发现他的包裹送错了地方，并把它捡起来，放回到了桑布恩的住处藏好，并在上面留了张纸条，解释事情的来龙去脉，又费心地拿来擦鞋垫把它遮住，以掩人耳目。

弗雷德的工作是那样的平凡，可是，他的这种敬业精神又是那样的高尚。在接下来的10年里，桑布恩一直受惠于弗雷德的杰出服务。一旦信箱里的邮件被塞得乱糟糟的，那准是弗雷德没有上班。只要是弗雷德在他服务的邮区里上班，桑布恩信箱里的邮刊一定是整齐的。

弗雷德这种近乎完美的敬业精神，源自他对客户深深的责任感，正是这种责任感保证了他热情、周到、细致的服务，使他成为敬业精神的象征，成为广大员工学习的楷模。

忠诚力——三顾频烦天下计

敬业是一种责任精神的体现，一个对工作有敬业精神的人，才会真正为企业的发展作出贡献。自己也才能够从工作中获得乐趣。这样的员工是真正有责任感的员工。敬业是对责任的一种升华。责任在某种程度上，还具有一种强制性，因为他有自己的工作范围以及责任，这一点是不容置疑的。但是敬业是员工的一种主动精神，不仅要完成自己的工作，而且要以一种高度负责的精神来完成自己的工作。

魔力悄悄话

如果一个人只是为了薪水而工作，那么他的生活将因此陷入平庸之中，而人生真正的成就感，就会在他日益平凡的工作中远离而去。认真地履行职责，完成工作的目的，不单是为了获得报酬，还会给你带来的快乐，这要远比工资卡中的工资多得多。

责任体现忠诚，忠诚体现价值

在工作中如果你把忠诚单纯地理解为从一而终，那么你就错了。

忠诚是一种职业的责任感，是对职业的一种忠诚，是你承担某一责任或者从事某一职业所表现出来的敬业精神。

然而，不可回避的事实是，现在的绝大多数人，尤其是职场新人，他们在做工作的时候，想到的只是如何能够帮自己获得最大的收获、最高的成就。

当他们把敬业当成老板监督员工的手段，把忠诚看作管理者愚弄下属的工具时，就会认为向员工灌输忠诚和敬业思想的受益者，只有公司和老板。

其实不然，忠诚并不仅仅有利于公司，其最终和最大的受益者还是员工自己。

忠诚铸就信赖，信赖造就成功。

一旦你养成了对事业高度的责任感和忠诚，你就能够在逆境中勇气倍增，在面对引诱时不为所动。从而具备了让有限资源发挥出无限价值的能力，为自己争取到成功的砝码。

在这个世界上，到处都充满了诱惑，说不定在什么时候我们就掉进了陷阱。诱惑随时可能让一个人背叛自己所信守的情感、道德、工作原则。

因此，忠诚就变得十分的可贵。特别是在企业里，忠诚不仅能够维护企业自身的形象和利益，还能够确保企业健康地生存与发展。

对于员工而言，忠诚于自己的企业，所得到的不仅是企业对自己更大的信任，其所作所为还会让企图诱惑你的人，感觉到你人格的力量。

如果你背叛了自己的企业，你的身上将会背负一辈子都擦拭不掉的污点，还会有人愿意用你吗？答案是否定的，没有人会用一个曾经背叛自己企业的人。背叛忠诚的代价，就是给自己的人格和尊严抹上污点。

忠诚，其实也是市场竞争中的一种原则。一个人的忠诚不仅不会让他失去机会，相反会让他赢得机会。

除此之外，他还能赢得别人对自己的尊重和敬佩。人们似乎应该意识到，取得成功的因素中，最重要的一点，不是一个人的能力，而是他优良的道德品质之———忠诚。

一个优秀的员工必须具备忠诚的美德。从某种意义上讲，忠诚对于公司来说，就是主动地以不同的方式为公司作出贡献。

因此，不背叛公司，不做有损于公司利益的事，只是忠诚一个方面的表现。积极改进自己，主动为公司寻找开源节流的渠道，也是忠诚的一种体现，更是每个员工义不容辞的责任。

当你因忠诚主动对公司负责、加倍付出时，你的老板就会对你另眼相看，忠诚地对待你。

正如一位成功者所说的那样："一个人自身价值的创造和实现，完全依赖于忠诚。"没有忠诚，责任感也就无从说起，没有责任感，你就会在引诱面前把持不住自己。这样，你的事业结构就会土崩瓦解，最终只能在一片废墟中独自哀叹。

所以说，背叛"忠诚"的最大受害者将是背叛者自己。

而忠诚往往还能够体现出一个人能力的大小。对于每一个人来说，忠诚于公司就是忠诚自己的事业，就是以不同的方式为自己的事业作出贡献。在组织中，忠诚表现在工作主动、责任心强、细致周到地体察上司的意图中；同时忠诚还不以此种表现作为寻求回报的筹码。其实，在他们个人忘我的工作中，价值就会得到最大限度地体现。

下级对上级的忠诚，可以增强上级的成就感和自信心，同时还可以增强整个团队的竞争力，使组织更加兴旺发达。这就是许多决策者在用人的时候既考察其能力，又看重个人忠诚度的原因。

一个忠诚的人十分难得，一个既忠诚又有能力的人更是难求。忠诚的人无论其能力的大小，决策者都会给予重用，这样的人无论走到哪里，都会有许多大门为他敞开。

　　相反，就算一个人的能力再强，如果缺乏必要的忠诚，也常常会被他人拒之门外。毕竟在人生的事业中，需要用智慧来做出决策的大事实在是太少，而需要用行动来落实的小事，却有很多，因此，多数人更绝对需要忠诚和勤奋。

　　一次，约翰和戴维负责把一件很贵重的古董送到码头，上司反复叮嘱他们路上要小心，没想到送货车开到半路却坏了。如果不按规定时间送到，他们要被扣掉一部分奖金。

　　于是，约翰凭着自己力气大，背起邮件，一路小跑，终于在规定的时间赶到了码头。

　　这时，戴维说："我来背吧，你去叫货主。"他心里暗想，如果客户看到我背着邮件，把这件事告诉老板，说不定会给我加薪呢。

　　他只顾想，当约翰把邮件递给他的时候，一下没接住，邮包掉在了地上，"哗啦"一声，古董碎了。

　　"你怎么搞的，我没接你就放手。"戴维大喊。

　　"你明明伸出手了，我递给你，是你没接住。"约翰辩解道。

　　他们都知道古董打碎了意味着什么，没了工作不说，可能还要背负沉重的债务。果然，老板对他俩进行了十分严厉的批评。

　　"老板，不是我的错，是约翰不小心弄坏了。"戴维趁着约翰不注意，偷偷来到老板的办公室对老板说。老板平静地说："谢谢你，戴维，我知道了。"

　　老板把约翰叫到了办公室。约翰把事情的原委告诉了老板，最后说："这件事是我们的失职，我愿意承担责任。另外，戴维的家境不太好，他的责任我愿意承担。我一定会弥补我们所造成的损失。"

　　约翰和戴维一直等待着处理的结果。

　　一天，老板把他们叫到了办公室，对他们说："公司一直对你俩很器重，想从你们两个当中选择一个人担任客户部经理，没想到出了这样一件事，不过也好，这让我们更清楚哪一个人是合适的人选。我们决定请约翰担任公司的客户部经理。因为，一个能勇于承担责任的人是值得信任的。戴维，从明天开始你就不用来上班了。"

"老板，为什么？"戴维问。

"其实，古董的主人已经看见了你们俩在递接古董时的动作，他跟我说了他看见的事实。还有，我看见了问题出现后你们两个人的反应。"老板最后说。

慌忙推卸责任并置之不理，不仅会伤害公司和客户的利益，也会伤害自己。绝大多数老板都不愿意让那些习惯推卸责任的员工来做他的助手。在老板眼里，习惯推卸责任的员工，就是一个不可靠的人。

对于大多数的人来说，一生恐怕都要走好几条路才能最终到达自己想要到达的地方。从职业的角度分析，每一个人难免要调换几种或者几次工作。但是这种转换，必须依托着整体的人生规划。

盲目跳槽，也许收入会有所增加，但是一旦养成了这种习惯，跳槽就不再是目的，而将会成为一种惯性。一个频繁转换工作的人，在经历了多次跳槽以后，就会发现自己已经在不知不觉中形成了一种习惯：在工作中一遇到困难就想跳槽，人际关系紧张时就会想到跳槽，看见好工作时也想跳槽，有时甚至只是莫名其妙地想跳槽而已。在他们的心目中，似乎下一个工作才是最好的，似乎一切问题都可以用转移阵地法来解决。这不但是对公司、对组织不忠诚，而且也是对自己不忠诚，这样跳槽频繁的人很难实现自己的价值。

根据国内一家著名的猎头公司所做的市场调查资料显示：年薪超过百万的职场人都是极少跳槽的，他们基本上都有着在一家公司做过10年以上工作的经历，而那些跳槽频繁的人，其收入则呈现出递减的趋势。更为严重的是，许多公司在招聘新员工的时候，都会对员工的跳槽经历进行考察。

很多员工之所以不能实现自己的价值，其失败的原因就在于，他们丧失了成就事业中最宝贵的而且是必需的东西——忠诚和敬业。

　　缺乏忠诚的员工，往往会变得心浮气躁，凡事浅尝辄止，遇难而退；这山望着那山高，空有远大的理想，只是无心执着地追求。对于这类人，应该好好地反思一下自己。

魔力悄悄话

　　一位成功学家说过："如果你是忠诚的，你就会成功。"忠诚能够体现人生的价值，还能实现人生的价值，更能够促使一个人迅速地取得成功。

忠诚敬业，没有借口

责任感是一个人走向社会的关键，是一个人在社会上立足的重要资本。任何一个企业的老板，总是希望把自己的每一份工作，都交给责任心强的人，谁也不会把重要的职位交给一个遇到问题总是推三阻四、找出一大堆借口的人。

张燕在一家大型建筑公司担任设计师，常常要往工地跑，到现场勘察，还要为不同的老板修改工程上的细节，异常辛苦。虽然她是设计部唯一的女性，但她从来没有逃避过强体力的工作。不管是爬楼梯到25层，还是去野外勘测，她从来都是二话不说，主动去做。

有一次，她的老板要为一名客户制作一个可行性的设计方案，时间只有3天，大家都感到时间太紧，不愿接受这项工作。当老板最后把这项任务交给张燕时，她二话没说，一接到任务就去看了看现场，然后就开始了工作。

在这3天时间里，她都在一种异常紧张、兴奋的状态下度过。她食不知味，寝不安枕，满脑子想的都是如何才能把这个方案弄好。她到处查资料，虚心向别人请教，虽然大家都知道这是一件很难做好的事情，但是谁也没有想到，当眼睛布满血丝的张燕，准时把设计方案交给了老板时，也得到了大家的肯定。

很快，张燕就成了设计部的红人。不久，被提升为了设计部主管，工资也翻了好几倍。

后来，老板告诉她，他最欣赏像张燕这样的员工，对于领导交代的工作认真执行，并敢于负责。

在企业中，积极落实上级派遣的任务，不仅能使自己的能力和素质得到提升，使自己的人品可以信赖，还能很好地维护公司的利益，更能体现出自己对工作认真负责的敬业精神。而推托和懈怠，不仅会贻误最佳的战机，更会损坏企业整体的利益。

找借口推卸责任，对公司具有很大的危害性，所以有的人会说："公司经营的好坏和我有什么关系呢？我只不过是一名被雇用的员工，公司垮了，我大不了另找一份工作，我个人并没什么损失。"其实，这是在利用借口逃避责任，最大的受害方并不是公司，而恰恰是那些找借口的人。

福特汽车的创始人亨利·福特，在制造著名的 V8 汽车时，明确指出要造一个内附 8 个汽缸的引擎，并指示手下的工程师马上着手设计。

然而其中有一个工程师认为，要在一个引擎中设置 8 个汽缸是不可能的。他对福特说："这简直就是天方夜谭！以我多年的经验来看，这是绝对不可能的事，我愿意和您打赌，如果谁能设计出来，我宁愿放弃一年的薪水。"

福特先生应了他的赌约。

后来，其他工程师通过对世界范围内的汽车引擎资料进行系统的搜集、整理并精心设计，结果，奇迹出现了，他们不但成功设计出了 8 个汽缸的引擎，而且还正式地生产出来了。

那个工程师对福特说："我愿意履行我们的约定，放弃一年的薪水。"这时，福特严肃地对他说："不用了，你可以领走你应得的薪水，但是你并不适合继续在福特公司工作了。"

有许多人只想着得过且过，在做不好事情、完不成任务时，就把借口当作敷衍别人、原谅自己的"挡箭牌"。

他们宁愿花费时间、精力找借口来逃避责任，也不愿花费同样的时间、精力来完成工作。只是一味地把借口作为掩饰弱点、推卸责任的"万能器"，这样往往会使他们忘记了自己的职责，人也渐渐变得懒惰起来。

忠诚力——三顾频烦天下计

那些勇于负责的人都知道，要想改变自己的生活境况和人生境遇，就要从负责任的角度入手。

在美国卡托尔公司的新员工录用通知单上，印有这样的一句话："最优秀的员工是像恺撒一样拒绝任何借口的英雄！"找个借口，是丝毫不费力的事情，但是这样你虽然在表面上得到了安慰，但是实际上你将一事无成。

不管是个人，还是一个团队，甚至是一个企业，只有学会在问题面前、困难面前、错误面前勇于承担自己的责任，才能走向成功，团队的战斗力才会增强，企业才能做好、做大。

一天下午，东京 Otakyu 百货公司的售货员 Hinpin 有礼貌地接待了一位来买唱机的顾客。售货员为她挑了一台"索尼"牌唱机。

事后，售货员清理商品时却发现错将一个空心唱机货样卖给了那位美国顾客，于是立即向公司警卫做了报告。

警卫四处寻找那位女顾客，但是仍不见其踪影。

经理接到报告后，觉得事关顾客利益和公司信誉，非同小可，马上召集有关人员研究。

最后经过调查得知，那位顾客名叫基泰丝，是一位美国的记者，她留下了一张"美国快递公司"的名片。

据此仅有的信息，Otakyu 公司公关部开始一连串近乎大海捞针式的寻找。他们打电话，向东京各大宾馆查询，均无果。

最后，他们向纽约的"美国快递公司"总部查询，在深夜得到基泰丝父母的电话。

通过给她的父母致电，最终得到了基泰丝在东京的住址和电话，几个人忙了一夜，总共打了 35 个紧急电话。

第二天一早，Otakyu 公司就给基泰丝打电话道歉。几十分钟后，Otakyu 公司的经理和提着东西的公关人员，就乘车赶到了基泰丝的住所。两人进了客厅，见到基泰丝就深深地鞠躬，并再次表达了歉意。除了送来一台新的合格的"索尼"唱机外，又加送唱片一张、蛋糕一盒和毛巾一套。接着经理打开记事簿，向她讲述了及时纠正这一失误的全部过程。

这让基泰丝深受感动。她告诉公关人员她买这台唱机，是准备作为礼物送给东京的外婆的。回到住所试用时，发现唱机根本就没有装机芯，不能使用。当时她很生气，觉得自己上当受骗了，立即写了一篇《笑脸背后的真面目》的批评稿，并准备第二天一早去 Otakyu 兴师问罪。没想到，Otakyu 公司纠错如救火，为了一台唱机，花费了那么多的精力。这些做法，让她很是敬佩，于是她又重新写了一篇题为《35 次紧急电话》的特写稿。

在《35 次紧急电话》见报后，反响热烈，Otakyu 公司也因为一心为顾客着想而声名鹊起，门庭若市。

任何一个老板都很清楚，一个能够勇于承担责任的员工，对于企业有着多么重要的意义。问题出现后，推诿责任或者寻找借口，都不能掩饰一个人责任感的匮乏。亚伯拉罕·林肯说过："逃避责任，难辞其咎。"只有对自己的行为负责，主动承认错误，以负责的态度弥补过失；对公司和老板负责，对客户负责，这才是老板喜欢的员工，也只有这样的员工，才能在公司中有所发展。

克莱希尔公司的经理人罗伯特曾经在一家公司做采购员。一次，当他准备采购一位日本卖主给他提供的一种新款手提包时，发现自己在评估上犯下了一个严重的错误。公司明文规定，采购员绝对不能用尽"可支配账户"上的存款数额，否则就只能等到资金回笼时，才能够购买新的商品，而这通常要等到下一个购买季节。

他意识到，如果他预先留下一笔资金，就可以抓住这个好机会。然而，现在他面临着两种选择：一是放弃这笔生意，而这种新款手提包肯定会给公司带来很大的收益；二是向老板承认错误，并请求追加拨款。正在他一筹莫展的时候，老板正巧经过。罗伯特当即对老板说："我遇到了麻烦，而这都是由于我犯的错误所致。"并向他说明了做成这笔生意的重要性。

忠诚力——三顾频烦天下计

尽管老板明白这是由于罗伯特没有做好评估所致。但还是对他的坦诚和敢于承担表示肯定，并很快给他拨款。结果这种新款手提包一上市，就被抢购一空，给公司带来了巨大的利润。

魔力悄悄话

人非圣贤，孰能无过。罗伯特通过这件事情认识到，犯了错误并不可怕，最主要的是勇敢地承认错误、承担过失，并努力寻找可以弥补失误的办法。对于一个勇于承认错误，并设法加以弥补的员工，老板会给他更多的包容和谅解。

责任源于忠诚

忠诚是什么？忠诚并不是对某个公司或者某个人的唯唯诺诺或者是从一而终，而是一种职业精神，是一种高度的职业责任感，是承担某一责任或者从事某一职业时所表现出来的敬业精神。

不过，令我们无法回避的是，现在绝大部分的人，特别是刚刚参加工作的年轻人，他们在工作时，想到的仅仅是怎样能够帮助自己获得最大的收获以及最快速度的成长。他们将敬业视为老板监督员工的手段，将忠诚视为领导者欺骗下级的工具，甚至觉得向员工灌输忠诚与敬业思想，最终受益的只是企业与老板。

但事实却并非如此。忠诚不只是对企业有益，其最终的受益者还是员工本人。只要养成对事业高度的责任感与忠诚，你就能够在遇到困难时勇气倍增，面对诱惑时无动于衷，就能够具有让有限资源发挥无限价值的能力，从而获得最后的成功。

当今社会处处都充满了诱惑。诱惑随时都会使一个人背叛自己的情感、道德和工作原则，所以，忠诚就显得十分可贵。尤其是在公司中，忠诚不但能维护公司自身的形象与利益，还能够确保公司的健康生存。

对公司忠诚的员工，获得的不只是公司对自己更大的信任，其所作所为还会使企图诱惑你的人感受到你的人格力量。任何人都不敢用一个曾背叛自己公司的人。忠诚还能够让你在激烈的市场竞争中脱颖而出。

在一家网络公司担任技术总监的希金斯，因为企业改变了发展方向，从而感觉到公司已经不再适合自己了，于是想重新找份工作。

凭着希金斯的资历以及在计算机行业的影响，再加上原来企业的实力，重新找份工作对他来说非常轻松。此前就有许多公司看好希金斯，曾试图挖走他，但是都未能取得成功。这次是希金斯自己想要辞职，对很多企业来说，这是一次千载难逢的机会。

有许多家企业都提供了非常好的待遇，可在优越待遇的背后，总是隐藏着一些不为人知的东西。希金斯明白这是何种原因造成的，可他不能为了优越的待遇就背弃自己所坚持的原则，所以，他谢绝了许多家企业的邀请。

后来，希金斯决定去一家大型公司应聘技术总监，该公司在全国，甚至是全世界都具有极大的影响，不少IT界的人士都希望能够到该企业就职。

这家公司的人力资源部经理与主管技术方面工作的副总经理，首先对希金斯进行了面试。他们非常满意希金斯的专业能力，可同时还提出了一个让希金斯非常失望的问题。

副总经理说："我们非常欢迎您到我们公司来工作，您的能力与资历都很好。据说，您原来工作的企业，正在准备研制一种适用于大型公司的新型财务应用软件，听说你也提出了许多宝贵的意见，刚好我们公司也在策划这方面的工作，是否能透露一些你以前公司的情况，您应该清楚，这对我们的发展非常重要，而且这也是我们选中您的一个原因。请原谅我说得这么直接。"

"我现在感觉非常失望，你们竟然也问我这些问题，看来市场竞争确实需要一些不正当的手段。但是我也要让你们失望了。不好意思，我有责任对我的公司忠诚，就算我离开了，无论什么时候，我都一定会这样做。对我来说，信守忠诚比得到一份工作更加重要。"说完，希金斯就离开了。

希金斯的朋友们都为他感到惋惜，因为有许多人都梦想着能够到该公司上班。而希金斯却并未感觉到有什么好可惜的，他觉得自己所做的这一切都是正确的。

但是在几天之后，希金斯收到了那家公司寄来的一封信，信中写道："我们决定聘用你，不只是由于你的专业能力，还有你的忠诚。"

　　事实上，该企业在招聘人才时，始终都非常重视自己的员工是否会忠诚。他们相信，一个忠诚于自己以前企业的人，也同样会忠诚于自己的企业。有许多人在这次面试中落聘了，就是他们只是为了得到这份工作，而失去了对前公司的最基本的忠诚。当然，他们中间也不乏出色的专业人才。然而该企业的人力资源部经理却觉得一个不能够对自己以前公司忠诚的人，人们难以相信他会对其他公司忠诚。

　　可见，一个忠诚的人不但不会丧失机会，反而还会得到更多的机会。此外，忠诚者还会获得他人对自己的尊重与敬佩。我们都应当明白，获得成功最重要的因素并非是一个人的能力，而是他的优良品德。

　　忠诚是任何一名出色的员工都要具备的美德。也可以说，对公司忠诚，就是主动以不同的方式为企业作出贡献。然而，不背叛企业，不做损害企业利益的事情，只是忠诚的一个表现方面；积极改进，主动为企业寻找开源节流的途径，是忠诚的又一种体现，也是任何一位公司员工义不容辞的责任。

　　李磊和赵虎在高中毕业以后结伴来到深圳。由于两人长时间都没能找到工作，身上的钱很快就要花光了。无奈之下，他们只好来到一个建筑工地，找到包工头推销自己。

　　工地的老板说："我这儿现在也没有适合你们的工作，要是愿意的话，你们可以在我的工地上干一段时间的小工，一天30块钱。"因为没有其他办法，他俩就暂时答应了下来。

　　到了第二天，老板交给他们一个任务，将木工在钉模时掉在地上的铁钉捡起来。每天，他们除了吃饭的半个钟头以外，没有其他的休息时间。过了几天之后，李磊暗自算了一笔账，他发现老板这么做，其实一点都不划算，根本节省不了钱。李磊决定跟老板谈谈这个问题，可赵虎却非常的反对："最好别找老板，要不然，咱们又没有工作了。"李磊不同意，还是直接找到了老板。

　　李磊说："老板，坦白地说，公司需要效益，表面上看，捡回掉了的钉子很合理，可其实，它带给您的只是负值。我认认真真地捡了好几天，每天最多也不过1千克左右。而这种钉子的市场价为每千克5元，这样计算，我要用好几天才能够创造20多块钱的价值，但您一天却给我30块钱的薪水。这不但对您是一种损失，对我们也不公平。您要是算透了这笔账想辞退我，您就直说吧。"

想不到，老板竟然哈哈大笑起来说："好小子，你过关了！我现在正好要找一名施工员，其实，拾钉子这笔账我也会算，我也知道你们俩都算出来了。我一直在等着你们过来告诉我，要是在一个月之后，你还没来找我，你们就都要走人了。公司需要效益，更需要像你这种忠心耿耿、责任心强、一心为企业着想的人才，我希望你能够留下来。至于赵虎嘛，我只能说非常的抱歉。"

任何一个老板，他的心里都非常清楚：谁有责任感，谁才是最忠诚的，谁才是最可靠的。老板只要发现你有一点儿的不忠诚，那么即使你有惊世的才华，他也不会再相信你，更不会给你提供个人发展的空间。

魔力悄悄话

责任感源于忠诚，失去忠诚品质的人，也就谈不上责任感。而没有责任感的人，就会经不起诱惑。如此一来，你精心建造的事业结构就会土崩瓦解，最后只能在一片废墟中独自哀叹。

企业只欢迎忠诚的员工

忠诚是中华民族优良的伦理道德规范。古话说："为人谋而不忠乎？"就是在说尽心为忠，赤诚无私，诚心尽力，主要讲的是个人的内在品德；诚者，信也。开心见诚，无所隐伏，所言、所行、内心所想相一致就是诚，就是真实不欺，尤其是不自欺，它主要是处理人际关系的行为准则。忠诚就是竭尽全力，言行一致，表里如一地做好事情。忠诚，是职业人应遵循的一种基本准则，是指对组织或个人真实无欺、遵守承诺和契约的品德及行为。这种内在品德及其行为，是各种经营活动得以正常进行的重要保证。

忠诚更是对企业负责的动力。忠诚的态度是敬业的土壤，这种对事业深厚的情感，会给人带来无穷无尽的财富。本杰明·富兰克林曾说过："如果说，生命力使人们的前途光明，团体使人们宽容，脚踏实地使人们现实，那么深厚的忠诚感就会使人生正直而富有意义。"有了对企业的忠诚，就会自觉地、热情地、全身心地投入到工作中去。

不忠诚的人会厌恶自己的工作，或者是为了生计而工作，或者是表里不一、装腔作势，只是做样子给领导看。对自己工作的本身，并没有融入太多的情感和信念，因而在工作中也体会不到温暖和快乐，他们的生命也在周而复始的工作中慢慢消磨。而忠诚的人才能在自己的职业生涯中，一直保持着负责的态度。忠诚的人不管自己是否总在一家公司供职，不管自己将来是否要调换部门，他们都对现有的工作保持高度的责任感。他们能冷静地善待自己的工作，把工作中的每段时光都作为自己毕生事业的一部分。

忠诚是市场竞争中的基本道德原则，违背忠诚原则，无论是个人还是组织都会遭受损失。相反，无论对组织、领导者还是个人，忠诚都会使人受益。在任何时候都不能失去忠诚，因为它是我们的做人做事之本。

忠诚同时也是一种死心塌地地归属感，忠诚的员工不但会意识到自己属于这家公司，而且他会觉得自己一定要为公司做点什么。

米歇尔是个很有才华的人，他对自己的能力一直都很有自信。有一天他来到一家大型的公司应聘部门经理，老总对他提出要有一个考察期，但是令他没有想到是，在他上班后就被安排到了基层商店去站柜台，做销售员的工作。

工作伊始，米歇尔对于这个事实无法接受，但他还是强忍着委屈，耐着性子坚持了3个月。这时，他认识到，自己对这个行业一点也不熟悉，对这家公司也不是十分的了解，的确需要从基层工作学起，唯如此，方可全面地了解公司、熟悉业务，更何况自己现在拿的还是部门经理的工资呢。虽然实际情况与自己最初的预期有很大的差距，但是米歇尔懂得上司既然做出了这样的安排，自然会有他的道理。作为公司的一名员工，就要懂得服从安排听指挥。

3个月以后，他不但坚持了下来，还全面承担了部门的职责，并且充分利用这3个月的基层工作经验，带领自己的团队取得了良好的业绩。一年后，公司经理被调走了，他也得以提升。3年以后，公司总裁另有任命，他又被提升为了副总裁。

在谈起往事时，米歇尔颇有感触地说道："我当时忍辱负重地工作，心中存在着很多怨言。但是我知道，老板这样做是在锻炼我、考验我，于是我坚持了下来，并最终获得了现在的成功。"

其实，忠诚不只表现为对某个人忠心，它在根本上就是一种负责任的职业精神，也是一种敬业的精神，而非一种简简单单地对某家企业或者老板的忠诚。在工作中，也许你会发现，有的时候你的老板总是故意"刁难"你。请你不要担心，而是应该感到高兴，这是因为他非常重视你，他只是想考查一下你的忠诚度。只要考查结果能够证明你非常忠诚，那么你将会被委以重任。忠诚是一种感情与行动的付出，只要你有所付出肯定就会得到回报。

如今，有许多人都片面地认为，忠厚老实就代表着这个人软弱无能；阴险狡诈就可以如鱼得水，从而处处风光无限。其实，这只不过是事物的一种表面现象而已，他们并没有真正地弄明白事物的根本所在。投机取巧的人不会同时有着高尚的品德，而忠诚的人也不可能会有什么不好的习惯。一个忠诚的员工，会因为有着高尚的品德而享尽人生乐趣，而阴险狡诈者则常会受到内心的痛苦与折磨。在一个人真正地做到心如止水，抛掉心中的种种杂念以后，他才能够意识到，其实苦难才是老天对自己美德的考验，是对自己最好的锻炼。

朗讯总裁鲁索曾说："我相信忠诚的价值是无限的，对企业的忠诚就是对家庭忠诚的延续，我从柯达重回朗讯，承担拯救朗讯的重任，这是我对企业的一份忠诚。我一直把唤起员工对企业的忠诚，作为自己奋斗和努力的终极目标。"世界上，有许多顶级的企业领导者，他们都将忠诚当作企业文化中的关键组成部分，抑或将忠诚当作员工对于公司的一种精神理念，用来增强员工之间的凝聚力，提升整个公司的竞争力。

现如今，不管是作为一种优秀的传统精神也好，还是一种现代企业的企业精神也罢，忠诚不仅护卫着责任，其实它本身也是一种责任。在每一家公司中，老板都需要对公司忠诚的员工。因为他们的忠诚，才能够做到对公司尽心尽力，尽职尽责。也正因为他们的忠诚，才能够急企业之所急，忧企业之所忧。更因为有了忠诚，他们才会勇于承担对于公司的一切责任。

忠诚，可以说是一种死心塌地地归属感。忠诚的员工不但会意识到自己已经属于这家公司，而且他还坚信自己一定要为公司做点什么才行。

在一座滨海城市，原本有一家生意很好的旅游公司，但是，在老板外出的那段时间，他们的绝大多数业务都被竞争对手抢了去。在旅游旺季来临的时候，该公司过去的签约客户竟然一个都没有来。就在此时，他们公司陷入了前所未有的危机当中。

在这种情况下，老板感觉非常对不起自己的员工，于是对他们说："目前，公司的运营出现了困难，要是有人想离开，我会马上批准。若是在以前，我还会挽留。但是，现在我已经没有理由再挽留大家了。现在发给每人两个月的工资，在找到新工作以前，这些钱也许还够你们花上一段时间。"

老板说完之后，沉默了一段时间。一位员工站了出来，说道："老板，我不走，我不能在这个时候离开公司。"另一位员工也接着说道："老板，我们公司肯定会渡过难关的。"接着，其他许多员工纷纷地表示："不错，我们是不会走的。"最后，这家公司不但度过了危机，而且比以前的生意更好了。这正是公司所有员工共同努力的结果，因为他们对自己的公司忠诚，更重要的是他们背负着企业振兴的责任。

后来，那位老板感动地说："我现在之所以还能坐在这里，首先我要感谢我的员工，在我最困难的时候，是他们的忠诚帮助公司战胜了困难。"

忠诚的员工能够拯救企业。"我们需要忠诚的员工"，这是老板们共同的心声。因为他们明白，员工的忠诚会给公司带来什么。

魔力悄悄话

对于企业而言，员工只有忠诚于自己的公司，才能够大大提高公司效益，增强企业的凝聚力，提升企业的竞争力，让企业在变化无常的市场中屹立不倒。而对员工来说，忠诚不但可以有效地让自己与公司结合，将自己真正视为公司的一员，还可以让他们以主人翁的精神和意识对企业的一切担负起责任，从而获得更多的发展机会。

忠诚比能力更重要

所有老板都需要的人才，就是那种既忠诚又有极强工作能力的员工。在很多时候，忠诚往往比一个人所具有的能力还重要。现在不少的企业老总，情愿用一个才能平平，但是忠诚度高、值得信赖的员工，也不愿意接受一个才华出众、能力突出，但总在心中总是在盘算着自己"小九九"的人。

要是工作的结果是一个函数的话，工作能力是决定幅度的参数，而忠诚则是决定方向的参数。一个人的能力愈高，如果不够忠诚，那么对企业来说，其创造的结果就愈会背离企业的目标。这就像一个人在跑步一样，如果是南辕北辙的话，那么他的速度越快，离终点就会越远。

在现代社会，忠诚几乎已经成为所有公司以及用人单位衡量人才的重要标准。随着时代的发展，人才也愈来愈市场化。对于人才的竞争，已从单纯的技能竞争，转向了品德和技能两方面的竞争。而在所有的品德中，忠诚则是位居第一。

在以前，包括企业在内的各种组织招聘人才时，大部分人首先重视的是文凭与工作经验，只要这两方面差不多，基本上就会被录用了。至于品德方面，要求也不是非常的严格。但是如今不一样了，包括世界所有500强企业在内，其中许多优秀的企业在招聘人才时，他们所注重的范围也扩大了很多，他们早就已经将忠诚排在了首位。

许多公司会通过各种形式检验他们公司应聘者的忠诚，被认定为忠诚度不足的人，即使你拥有100个博士学位，拥有1000项成功案例，都不会被录用。因为考官们非常明白，一个对于自己的企业缺乏忠诚感的人，是无法为企业所用的。而且，这种"能干的人"一旦背叛公司，公司所蒙受的损失将是无法用数字估量的。

曾有一家木材公司的老板，因为他们公司某些员工的不负责任，购买了一批以次充好的木材，差点导致整个公司的倒闭。可是该企业的员工却在背后议论道："实际上，我早就想到他会有这么一天的。我之所以不说，那是因为我不想让自己掺和进去。"

他们所持的态度是："这和我无关，那都是老板自己的问题，我的事情已经够多了。"很明显，这种员工是不忠诚的，我们无法期望他们在工作中能够创造出良好的服务品质。当然，我们并不否认这种员工的能力，他们只是缺少忠诚品质，这种员工根本不会，也不可能成为卓越的员工。

如果你想成为一名优秀员工，那么你首先要做到的就是对企业的忠诚。当你发现老板或者自己为之服务的客户正在走向错误的方向时，你就应当果断地去阻止，即使他根本不听你的劝告，你也要表达出自己正确的意见，千万不能因为他是自己的老板，或者是自己的客户而虚伪地迎合他。在你说出真话时，你的内心会感觉十分坦然。而且，只要你的意见是对的，那么你的好运也会接踵而至。

忠诚的员工，不管能力是大还是小，老板都会委以重任。这种人无论走到什么地方，他们的前面都有条条大路可以选择；反之，即使一个人能力再强，要是他缺乏必要的忠诚，也常常会被拒之门外。毕竟，在人生的道路上，需要用智慧来做出决策的大事并不多，而需要用实际行动来落实的小事却为数不少；一小部分人需要运用智慧加勤奋创造事业，而一大部分人却需要有忠诚加勤奋巩固事业。

许多年以来，在马耳他流传着一个关于忠诚的古老传说。

在很久从前，马耳他一位王子在路过一户农家时，看见自己的一个仆人正牢牢地抱着一双拖鞋在睡觉。他走上前去，试图将那双拖鞋给拽出来，但是事不凑巧，却惊醒了那个仆人。这件事给这位王子留下了非常深刻的印象，王子马上就得出了结论：对这么一件小事，都这么谨慎的人肯定是非常忠诚的，他是可以被重用的。

因此，这位王子立刻就将那个仆人提升为自己的贴身侍卫，而结果也证明，他的判断没有错。那位青年在王子身边，没过多久便升到了事务处，又一步步当上了马耳他的军队统领。后来，他的美名传遍了整个马耳他群岛。

在战场上，我们需要每一位战士的忠诚，因为忠诚是执行命令的前提条件，唯有大家共同努力，才能够打败所有的对手。

同理，商场如同战场一样，需要每一位员工的努力。

在职业生涯中，只有忠诚的员工，才能够认可组织的目标，直接影响组织目标的实现。而实现组织的目标，又需要依靠忠诚的成员去执行。所以，组织一定要确保个人的行为，以及组织的目标统一，最终才能够确保实现预期的效果。

假如你能够忠诚地对待你的老板，那他也将会真诚地待你。每当你的职业精神增加一分，他人对你的尊敬也会增加一分。无论你的能力如何，只要你真正表现出对企业拥有足够的忠诚，你就能够得到老板的信赖。你的老板就会愿意在你身上"投资"更多，给你提供培训的机会，帮助你提高自己的技能，因为他觉得你值得他信赖与培养。

一名既忠诚又有能力的员工，无论走到哪家公司，都会得到老板的赏识，都能够找到自己的位置；而那些心不在焉，只考虑自己利益的员工，即使他们的能力再强，也很难得到老板的重用。

忠诚的人往往会主动追求卓越，而缺乏忠诚的人最多会在"合格"处就停止了脚步。忠诚不会像某些人说的那样，是一个虚无缥缈的事情。忠诚除了给予每个人与付出成正比的物质回报外，还会带来荣誉这一不可估量的无形资产，从而树立起个人品牌，促使个人从合格提升到卓越。可以说，拥有忠诚，你就会拥有做事的动力，工作效率就会得到很大的提升，企业和个人都会从中受益。

因此，无论你在哪个岗位，肩负什么职务，都必须以履行自己的职责为己任，用忠诚书写成长的历史。从而使自己每一天都有新的收获，

忠诚力——三顾频烦天下计

不要因为受一点儿委屈，吃一点亏就牢骚满腹、耿耿于怀。其实在很多时候，吃亏就是进步的扶梯，失去的越多，得到的也就越多。我们只有齐心协力，才能造就一个优秀的团队，才能推动团队实现健康快速的发展。

魔力悄悄话

忠诚是一种美德，更是一种能力、一种责任、一种精神，我们不论身居何位，只要拥有一颗忠诚的心，我们就拥有了一个个人全面发展的舞台，就应作出我们更大的贡献！